DECOLONIALIDADE E INICIAÇÃO CIENTÍFICA NA EDUCAÇÃO BÁSICA NA CIDADE DE CÁCERES-MT

Editora Appris Ltda.
1.ª Edição - Copyright© 2024 dos autores
Direitos de Edição Reservados à Editora Appris Ltda.

Nenhuma parte desta obra poderá ser utilizada indevidamente, sem estar de acordo com a Lei nº 9.610/98. Se incorreções forem encontradas, serão de exclusiva responsabilidade de seus organizadores. Foi realizado o Depósito Legal na Fundação Biblioteca Nacional, de acordo com as Leis nos 10.994, de 14/12/2004, e 12.192, de 14/01/2010.

Catalogação na Fonte
Elaborado por: Dayanne Leal Souza
Bibliotecária CRB 9/2162

D296d 2024	Decolonialidade e iniciação científica na educação básica na cidade de Cáceres-MT / Lisanil da Conceição Patrocínio Pereira ... [et al.]. – 1. ed. – Curitiba: Appris, 2024. 185 p. : il. ; 23 cm. – (Coleção Educação, Tecnologias e Transdisciplinaridades). Vários autores. Inclui referências. ISBN 978-65-250-7018-6 1. Iniciação científica. 2. Educação básica. 3. Cáceres. I. Pereira, Lisanil da Conceição Patrocínio. II. Ferreira, Evaldo. III. Castilho Junior, Miguel. IV. Ferreira, Waldinéia Antunes de Alcânara. V. Cunha, Teresa. VI. Título. VII. Série. CDD – 374.012

Livro de acordo com a normalização técnica da ABNT

Appris editora

Editora e Livraria Appris Ltda.
Av. Manoel Ribas, 2265 - Mercês
Curitiba/PR - CEP: 80810-002
Tel. (41) 3156 - 4731
www.editoraappris.com.br

Printed in Brazil
Impresso no Brasil

Lisanil da Conceição Patrocínio Pereira
Evaldo Ferreira
Miguel Castilho Junior
Waldinéia Antunes de Alcântara Ferreira
Teresa Cunha

DECOLONIALIDADE E INICIAÇÃO CIENTÍFICA NA EDUCAÇÃO BÁSICA NA CIDADE DE CÁCERES-MT

Appris editora

Curitiba, PR
2024

FICHA TÉCNICA

EDITORIAL
Augusto Coelho
Sara C. de Andrade Coelho

COMITÊ EDITORIAL
Ana El Achkar (Universo/RJ)
Andréa Barbosa Gouveia (UFPR)
Antonio Evangelista de Souza Netto (PUC-SP)
Belinda Cunha (UFPB)
Délton Winter de Carvalho (FMP)
Edson da Silva (UFVJM)
Eliete Correia dos Santos (UEPB)
Erineu Foerste (Ufes)
Fabiano Santos (UERJ-IESP)
Francinete Fernandes de Sousa (UEPB)
Francisco Carlos Duarte (PUCPR)
Francisco de Assis (Fiam-Faam-SP-Brasil)
Gláucia Figueiredo (UNIPAMPA/ UDELAR)
Jacques de Lima Ferreira (UNOESC)
Jean Carlos Gonçalves (UFPR)
José Wálter Nunes (UnB)
Junia de Vilhena (PUC-RIO)
Lucas Mesquita (UNILA)
Márcia Gonçalves (Unitau)
Maria Aparecida Barbosa (USP)
Maria Margarida de Andrade (Umack)
Marilda A. Behrens (PUCPR)
Marília Andrade Torales Campos (UFPR)
Marli Caetano
Patrícia L. Torres (PUCPR)
Paula Costa Mosca Macedo (UNIFESP)
Ramon Blanco (UNILA)
Roberta Ecleide Kelly (NEPE)
Roque Ismael da Costa Güllich (UFFS)
Sergio Gomes (UFRJ)
Tiago Gagliano Pinto Alberto (PUCPR)
Toni Reis (UP)
Valdomiro de Oliveira (UFPR)

SUPERVISORA EDITORIAL Renata C. Lopes
PRODUÇÃO EDITORIAL Sabrina Costa
REVISÃO Simone Ceré
PROJETO GRÁFICO Carlos Eduardo H. Pereira
REVISÃO DE PROVA Bianca Pechiski

COMITÊ CIENTÍFICO DA COLEÇÃO EDUCAÇÃO, TECNOLOGIAS E TRANSDISCIPLINARIDADE

DIREÇÃO CIENTÍFICA
Dr.ª Marilda A. Behrens (PUCPR)
Dr.ª Patrícia L. Torres (PUCPR)

CONSULTORES
Dr.ª Ademilde Silveira Sartori (Udesc)
Dr. Ángel H. Facundo (Univ. Externado de Colômbia)
Dr.ª Ariana Maria de Almeida Matos Cosme (Universidade do Porto/Portugal)
Dr. Artieres Estevão Romeiro (Universidade Técnica Particular de Loja-Equador)
Dr. Bento Duarte da Silva (Universidade do Minho/Portugal)
Dr. Claudio Rama (Univ. de la Empresa-Uruguai)
Dr.ª Cristiane de Oliveira Busato Smith (Arizona State University /EUA)
Dr.ª Dulce Márcia Cruz (Ufsc)
Dr.ª Edméa Santos (Uerj)
Dr.ª Eliane Schlemmer (Unisinos)
Dr.ª Ercilia Maria Angeli Teixeira de Paula (UEM)
Dr.ª Evelise Maria Labatut Portilho (PUCPR)
Dr.ª Evelyn de Almeida Orlando (PUCPR)
Dr. Francisco Antonio Pereira Fialho (Ufsc)
Dr.ª Fabiane Oliveira (PUCPR)
Dr.ª Iara Cordeiro de Melo Franco (PUC Minas)
Dr. João Augusto Mattar Neto (PUC-SP)
Dr. José Manuel Moran Costas (Universidade Anhembi Morumbi)
Dr.ª Lúcia Amante (Univ. Aberta-Portugal)
Dr.ª Lucia Maria Martins Giraffa (PUCRS)
Dr. Marco Antonio da Silva (Uerj)
Dr.ª Maria Altina da Silva Ramos (Universidade do Minho-Portugal)
Dr.ª Maria Joana Mader Joaquim (HC-UFPR)
Dr. Reginaldo Rodrigues da Costa (PUCPR)
Dr. Ricardo Antunes de Sá (UFPR)
Dr.ª Romilda Teodora Ens (PUCPR)
Dr. Rui Trindade (Univ. do Porto-Portugal)
Dr.ª Sonia Ana Charchut Leszczynski (UTFPR)
Dr.ª Vani Moreira Kenski (USP)

SUMÁRIO

INTRODUÇÃO 11

1
DECOLONIALIDADE E INICIAÇÃO CIENTÍFICA NA EDUCAÇÃO BÁSICA NA CIDADE DE CÁCERES-MT 21
Lisanil da Conceição Patrocínio Pereira
Evaldo Ferreira
Miguel Castilho Junior
Waldinéia de Antunes Alcântara Ferreira

2
O OLHAR DE UM ALUNO CADEIRANTE SOBRE A ACESSIBILIDADE, EM UMA ESCOLA PÚBLICA NA CIDADE DE CÁCERES-MT 27
Ricardo Costa Pereira Marta
Jussara Cebalho
Anastácia da Cruz Moraes Álvares

3
FESTA DO TAQUARAL EM DEVOÇÃO A NOSSA SENHORA DO CARMO – CÁCERES-MT 31
Gabrielly Eduarda de Moura Campos
Nícolas Campos Silva
Dulcina Franciele de Campos Silva
Sonia Maria de Campos

4
PRIMEIRA RÁDIO DE CÁCERES-MT 39
Glory Lojaine Palocio
Emily Fernanda Marques
Daniely Martins Gonçalves da Silva
Jussara Cebalho

5

UMA JORNADA DE TRANSFORMAÇÃO: EXPLORANDO EXPERIÊNCIAS PESSOAIS, CULTURAIS E GEOGRÁFICAS............ 45

Maria Aparecida Nunes Silva

Taise Nunes Silva

Jussara Cebalho

6
O FIFOLK EM CÁCERES-MT, 2023... 51

Naiara Ribeiro Cebalho Masai

Yasmina Vaca Peredo

Jussara Cebalho

7
HISTÓRIA DA ESCOLA ESTADUAL ONZE DE MARÇO................. 55

Marcos Vinicius Baicere de Almeida

Sara Ramos Scaff

Larissa Cristina Ramos da Silva

Jussara Cebalho

8
O PROGRAMA MINHA CASA, MINHA VIDA NA CIDADE DE CÁCERES: ANÁLISE ESPACIAL E SEGREGAÇÃO.. 61

Ana Catarina dos Reis Dias

Márcio Aurélio Alves da Silva

Samuel Fabrício da Silva

Anastácia da Cruz Moraes Álvares

João Guilherme Álvares Gil

9
CONVIVÊNCIA ENTRE ALUNOS NÃO INDÍGENAS E INDÍGENAS EM UMA ESCOLA PÚBLICA DE CÁCERES-MT 67

Kétila Cebalho Rabelo

Reina Yovana Tomicha Masabi

Eliane Pachuri

Jussara Cebalho

Anastácia da Cruz Moraes Álvares

10
A PESCA COMO RENDA DE UMA MULHER, EM CÁCERES-MT....... 71
Stefany Aparecida Porto do Nascimento
Marianny Adne da Silva Rodrigues
Jussara Cebalho

11
A FUNÇÃO SOCIOECONÔMICA E CULTURAL DA PRAÇA BARÃO DO RIO BRANCO PARA A POPULAÇÃO DA CIDADE DE CÁCERES-MT.. 77
Natália Oliveira Rodrigues
Tamires Bispo do Nascimento
João Victor Soares Paesano
Anastácia da Cruz Moraes Álvares
João Guilherme Álvares Gil

12
POPULAÇÃO RIBEIRINHA E MEIO AMBIENTE.......................... 83
Yara Oliveira Almeida
Maria Eduarda Baicere de Almeida
Larissa Carla Pinheiro da Silva
Jussara Cebalho

13
O CULTO A SÃO COSME E DAMIÃO EM CÁCERES-MT................. 87
Antoniely Yasmin Souza Silva
Jussara Cebalho

14
ANÁLISE SOBRE A LITERATURA E ROMANTISMO BRASILEIRO.... 93
Taiza Talia Ucieda Arroyo
Gabriel de Campos Leite
Jussara Cebalho
Sonia Maria de Campos

15
FESTA DE SÃO GONÇALO EM CÁCERES-MT............................ 99
Retyely da Silva Soares
Jussara Cebalho

16
FESTA PARA NOSSA SENHORA APARECIDA EM CÁCERES-MT 103
Tamires da Silva Santos
Jussara Cebalho

17
RACISMO: UM ASSUNTO NECESSÁRIO 107
Vander Pereira Xavier
Jussara Cebalho

18
AVENTURA ECO-QUEST... 111
Matheus Belmiro Bernardes Colaço
Jonair Lopes Nunes
Silvio Rogério Alves
Maria Catarina Cebalho

19
FOLIA DE SANTOS REIS EM GOIÁS: MEMÓRIAS E DESAFIOS DE UMA TRADIÇÃO CULTURAL 115
Adjair Luiz Ferreira
Maria Catarina Cebalho

20
O DESAPARECIMENTO DAS ABELHAS POLINIZADORAS DEVIDO AOS INCÊNDIOS FLORESTAIS: SEM ABELHAS, SEM ALIMENTOS, SEM VIDAS 119
Alline Camily Ribeiro Manaca
Izabela Rodrigues Oliveira
Vanesa Isabely Gonçalves Rojas
Maria Catarina Cebalho

21
EXPLORANDO A DIVERSIDADE CULTURAL ATRAVÉS DAS MINHAS MEMÓRIAS NA FANFARRA..123
David Gabriel Araujo Santana
Maria Catarina Cebalho
Cristiane Villas Boas Schardosin

22
FESTA DOS MASCARADOS..129
Fernando Costa Prado
Maria Catarina Cebalho

23
CHUVA DE CRIATIVIDADE: DAS SOMBRINHAS ÀS ROUPAS ÚNICAS.
133
Hernanys Aguiar da Silva
Maria Catarina Cebalho
Lelyane Santos Silva

24
REGISTROS E MEMÓRIAS..139
João Pedro Nascimento Pedroso
Maria Catarina Cebalho

   Introdução..139

25
MEMÓRIAS DE UM MENINO..145
Marcelo Ferreira Sores Rodrigues
Maria Catarina Cebalho

26
CANDOMBLÉ E CULTURA AFRO-BRASILEIRA: UMA JORNADA PESSOAL DE DESAFIOS E RESILIÊNCIA..149
Marcos Andrey da Silva Souza
Vanderson Soares da Silva Deluque
Maria Catarina Cebalho
Nághila Cristina Amada da Silva

27
CULTURA E DEVOÇÃO: A FESTA DO CONGO EM VILA BELA DA SANTÍSSIMA TRINDADE, MT..155
Vagner Augusto Nunes Cipriano
Fagner Matheus Mello Assis
Maria Catarina Cebalho

28
A DOCE TRADIÇÃO DO BOLO DE ARROZ DE DONA REGINA EM CÁCERES-MT 161
Yasmim de Brito Teixeira
Maria Clara Cebalho Nunes
Maria Catarina Cebalho

29
FESTA DE SANTOS REIS NA CIDADE DE ARAPUTANGA-MT..........165
Zulmiro Ribeiro Lopes Junior
Rosa Amparo Para Lopes
Maria Catarina Cebalho

30
JUVENTUDE E CAPOEIRA NAS AULAS DE EDUCAÇÃO FÍSICA: UMA EXPERIÊNCIA DE MOVIMENTO E CULTURA AFRO-BRASILEIRA..169
Marcelo Moreira de Andrade
Alisson Firmino
Maria Catarina Cebalho

SOBRE OS AUTORES..173

INTRODUÇÃO

Este livro compõe uma coletânea de escrituras, fruto da **II Olimpíada Nacional de Povos Tradicionais, Quilombolas e Indígenas**, com a temática: "POVOS DO BRASIL: Sustentabilidade, Territórios e identidades", e também da **III Mostra Científica de Povos Tradicionais**, realizadas, de forma híbrida, em Cuiabá, Mato Grosso, no espaço Dom Pedro Casaldáliga da Associação dos Docentes da Universidade Federal de Mato Grosso (ADUFMAT/UFMT), entre os dias 23 e 26 de outubro de 2023.

Essa Olímpiada teve a intenção de acolher trabalhos científicos desenvolvidos em escolas públicas e privadas – municipais, estaduais e da rede do IFMT –, para a seleção de 160 bolsas de **Iniciação Científica Júnior** do Conselho Nacional de Desenvolvimento Científico e Tecnológico (CNPq), que hoje desenvolvem trabalhos científicos em suas respectivas escolas.

O primeiro texto do livro é intitulado: 1. **O OLHAR DE UM ALUNO CADEIRANTE SOBRE A ACESSIBILIDADE, EM UMA ESCOLA PÚBLICA NA CIDADE DE CÁCERES-MT**, de Ricardo Costa Pereira Marta, Jussara Cebalho e Anastácia da Cruz Moraes Álvares. O texto refere-se a um relato de experiência de um aluno da educação de jovens e adultos (EJA), para a participação na II Olimpíada Nacional e III Mostra Científica de Povos Tradicionais, Quilombolas e Indígenas de Mato Grosso. O autor é cadeirante, possui tetraplegia e conseguiu sua independência após anos de cuidado da família. Atualmente, mora sozinho em uma casa adaptada e, para realizar seus sonhos, está estudando, cursando o primeiro ano do ensino médio na modalidade EJA. O autor destaca a necessidade de melhorias na estrutura física da escola em termos de acessibilidade, assim como em outras escolas da cidade de Cáceres-MT.

O segundo texto intitula-se **FESTA DO TAQUARAL EM DEVOÇÃO A NOSSA SENHORA DO CARMO – CÁCERES-MT**, de Gabrielly Eduarda de Moura Campos, Nícolas Campos Silva, Dulcina Franciele de Campos Silva e Sonia Maria de Campos. O trabalho traz como tema a Festa do Taquaral, que celebra a Nossa Senhora do Carmo. As famílias sempre se envolvem, e esta pesquisa foi uma oportunidade para aprofundarmos sobre a história e saber cada detalhe, como voluntários na limpeza pós-festa, e ajudamos um pouco na cozinha, momento de ver como as pessoas da comunidade são unidas para conseguir realizar a festa. Durante o processo metodológico, utilizamos entrevistas, mapas, fotos, pesquisa bibliográficas. Por mais que a identidade cultural seja móvel, percebe-se o esforço dos membros da comunidade para manter essa tradição.

O texto **PRIMEIRA RÁDIO DE CÁCERES-MT**, de Glory Lojaine Palocio, Emily Fernanda Marques, Daniely Martins Gonçalves da Silva e Jussara Cebalho. Esta pesquisa procura mostrar a relação da rádio com Cáceres-MT, sua história e de como vem se adaptando para acompanhar a cidade e a cultura com o decorrer do tempo. E de como ela já quase fechou as portas. Nossa pesquisa foi realizada a partir de um questionário aberto com algumas perguntas, todas respondidas pela radialista que trabalha lá faz 10 anos. O resultado é que a rádio é um instrumento de comunicação, um instrumento que leva notícias até as casas e também um entretenimento para a cidade. Ela transmite cultura e está presente na vida de muitas pessoas.

O texto **UMA JORNADA DE TRANSFORMAÇÃO: EXPLORANDO EXPERIÊNCIAS PESSOAIS, CULTURAIS E GEOGRÁFICAS**, de Maria Aparecida Nunes Silva, Taise Nunes Silva e Jussara Cebalho, apresenta uma narrativa que ilustra uma vivência de superação, aprendizado, além da exploração geográfica no estado de Santa Catarina. A autora Maria Aparecida Nunes Silva compartilha suas experiências, desde o casamento precoce, viuvez e trabalho em supermercados para apoiar suas filhas até a retomada da educação e participação em eventos significativos. Destaca sua participação na Olimpíada Nacional de Povos Tradicionais, Quilombolas e Indígenas, sua incursão em eventos acadêmicos e a interação com imigrantes em Santa Catarina. Além disso, explora a cultura e a geografia do estado, destacando pontos turísticos, história local e a rica diversidade cultural que enriqueceu sua jornada.

O texto **FIFOLK EM CÁCERES-MT, 2023**, de Naiara Ribeiro Cebalho Masai, Yasmina Vaca Peredo e Jussara Cebalho, aborda um desfile de grupos participantes do Festival Internacional de Folclore de Mato Grosso, conhecido como Fifolk, movimento que sucedeu no dia 15 de setembro de 2023, na Avenida Sete de Setembro. O objetivo da pesquisa foi evidenciar este festival que aconteceu na cidade de Cáceres-MT. Utilizamos a metodologia como a leitura e pesquisa bibliográfica sobre o Fifolk. Além de relatarmos a experiência de ter presenciado este grande momento de dança, cultura e história.

O texto **HISTÓRIA DA ESCOLA ESTADUAL ONZE DE MARÇO**, de Marcos Vinicius Baicere de Almeida, Sara Ramos Scaff, Larissa Cristina

Ramos da Silva e Jussara Cebalho, tem como objetivo principal relatar a história do principal centro educacional de Cáceres, a Escola Onze de Março, contando desde sua criação até os dias atuais. Pretendeu-se tratar não somente da escola, mas também de como os professores atualmente entendem o processo de educação e aprendizagem e como veem a Escola Onze de Março. A pesquisa foi interessante porque mostrou a história da escola em que os autores estudaram e a sua importância para o estado de Mato Grosso e a cidade de Cáceres-MT.

Em seguida o texto **O PROGRAMA MINHA CASA, MINHA VIDA NA CIDADE DE CÁCERES: ANÁLISE ESPACIAL E SEGREGAÇÃO,** de Ana Catarina dos Reis Dias, Márcio Aurélio Alves da Silva, Samuel Fabrício da Silva, Anastácia da Cruz Moraes Álvares e João Guilherme Álvares Gil, apresenta o resultado de análise bibliográfica do programa Minha Casa, Minha Vida, que foi criado em 2009 no governo de Luís Inácio Lula da Silva. O objetivo é analisar o processo de produção habitacional que vem surgindo nos últimos anos e a segregação socioespacial na cidade de Cáceres. A metodologia utilizada foi a observação dos residenciais recentes, a mudança das paisagens, o crescimento de áreas comerciais em torno e a desigualdade social dos bairros próximos aos núcleos habitacionais construídos pelo programa. Foram feitas entrevistas com moradores, detectando-se que a infraestrutura construída no programa favorece a qualidade de vida que toda a população necessita para sobreviver.

Em seguida vem o texto **CONVIVÊNCIA ENTRE ALUNOS NÃO INDÍGENAS E INDÍGENAS EM UMA ESCOLA PÚBLICA DE CÁCERES-MT,** de Kétila Cebalho Rabelo, Reina Yovana, Tomicha Masabi, Eliane Pachuri, Jussara Cebalho e Anastácia da Cruz Moraes Álvares, desenvolvido por alunas da educação de jovens e adultos (EJA) com o objetivo de investigar a percepção dos alunos não indígenas em relação aos alunos indígenas Xavantes que frequentam a Escola Estadual de Desenvolvimento Integral da Educação Básica Prof. Milton Marques Curvo em Cáceres-MT. Para atingir esse objetivo, as autoras conduziram uma revisão bibliográfica e realizaram entrevistas com alunos não indígenas. Os resultados destacam a importância de abordar a diversidade na escola, enfatizando a valorização da diversidade cultural e étnica, enriquecendo assim a experiência educacional de todos os alunos.

Depois temos o texto **A PESCA COMO RENDA DE UMA MULHER, EM CÁCERES-MT,** de Stefany Aparecida Porto do Nascimento, Marianny

Adne da Silva Rodrigues e Jussara Cebalho. Este trabalho surgiu do interesse em participar da II Olimpíada Nacional e III Mostra Científica de Povos Tradicionais, Quilombolas e Indígenas do Estado de Mato Grosso e teve como objetivo relatar a história de uma pescadora que vive da pesca no rio Paraguai em Cáceres MT, de onde retira sua renda e seu sustento. Ela dedica sua vida à pesca e preservação das tradições da comunidade e, apesar dos perigos do rio, tem esperança de que os pescadores sejam valorizados e reconhecidos, e busca incentivar outras pessoas a adotarem a atividade como forma de renda e sustento, especialmente aqueles que não podem trabalhar em outros ambientes.

O texto **A FUNÇÃO SOCIOECONÔMICA E CULTURAL DA PRAÇA BARÃO DO RIO BRANCO PARA A POPULAÇÃO DA CIDADE DE CÁCERES-MT**, de Natália Oliveira Rodrigues, Tamires Bispo do Nascimento, João Victor Soares Paesano, Anastácia da Cruz Moraes Álvares e João Guilherme Álvares Gil, apresenta a análise de alunos na observação de mudança da paisagem em relação à praça pública na cidade de Cáceres-MT, a partir da sua função socioeconômica e cultural. O objetivo deste trabalho foi analisar a dinâmica espacial e a diferença da paisagem da praça em relação ao tempo e espaço.

O texto **POPULAÇÃO RIBEIRINHA E MEIO AMBIENTE**, de Yara Oliveira Almeida, Maria Eduarda Baicere de Almeida, Larissa Carla Pinheiro da Silva e Jussara Cebalho, trata sobre os ribeirinhos, que são comunidades que vivem próximo a rios e lagos. Suas vidas muitas vezes estão intimamente ligadas à água, dependendo dela para subsistência. Apesar de toda beleza dos rios, os ribeirinhos enfrentam diversos desafios, como as enchentes, encontros com a vida selvagem, degradação ambiental etc.

Temos em seguida o texto **O CULTO A SÃO COSME E DAMIÃO EM CÁCERES-MT**, de Antoniely Yasmin Souza Silva e Jussara Cebalho. O trabalho tem o objetivo de chamar a atenção para o conceito de pluralidade cultural. As ações de Cosme e Damião tocaram a vida de muitos, oferecendo esperança, cura e inspiração para gerações, já que é um momento que marca o pagamento de promessas, por meio da entrega de doces, apesar do preconceito, que interfere fisicamente o direito à fé.

O texto **ANÁLISE SOBRE A LITERATURA E ROMANTISMO BRASILEIRO**, de Taiza Talia Ucieda Arroyo, Gabriel de Campos Leite, Jussara Cebalho e Sonia Maria de Campos, aborda a literatura como uma forma de arte que usa palavras escritas para criar histórias e pode ser vista como uma expressão cultural de grupos ou comunidades. Os autores focam principalmente no Romantismo, que foi um movimento cultural onde a arte literária destaca-se pela emoção e valorização da natureza, tendo José de Alencar como um dos seus principais nomes.

Também temos o texto **FESTA DE SÃO GONÇALO EM CÁCERES-MT**, de Retyely da Silva Soares e Jussara Cebalho, resultado das memórias que a primeira autora traz ao longo de sua vida e também de seus parentes a respeito da Festa de São Gonçalo, que é uma tradição de família, realizada em um bairro periférico na cidade de Cáceres-MT. Como metodologia, as autoras buscaram nas memórias de família como se iniciou a tradição de realizar a festa de São Gonçalo, além das leituras e das pesquisas em livros na biblioteca, orientadas pela professora, com o objetivo de deixar essa riqueza cultural registrada nos anais da II Olimpíada Nacional e III Mostra Científica de Povos Tradicionais, Quilombolas e Indígenas do Estado de Mato Grosso.

Em seguida, o texto **FESTA PARA NOSSA SENHORA APARECIDA EM CÁCERES-MT**, de Tamires da Silva Santos e Jussara Cebalho, aborda a festa oferecida à Nossa Senhora Aparecida, uma celebração de cunho religioso, mas também voltada à diversão, realizada todos os anos por uma moradora de um bairro periférico da cidade de Cáceres-MT. A pesquisa teve como objetivo mostrar um pouco das festas de santo realizadas em Cáceres e a eleita foi a festa em homenagem à Nossa Senhora Aparecida.

O texto **RACISMO: UM ASSUNTO NECESSÁRIO**, de Vander Pereira Xavier e Jussara Cebalho, aborda o racismo, um tema que é necessário porque, lamentavelmente, ainda existe no nosso dia a dia. Portanto, é fundamental abordar esse assunto, principalmente nas escolas, pois somos constantemente informados pela televisão e pela internet que atos racistas estão ocorrendo em todo o mundo. O objetivo é discutir um pouco sobre alguns acontecimentos de racismo que ocorreram e foram noticiados na mídia nacional e internacional.

O texto **AVENTURA ECO-QUEST**, de Matheus Belmiro Bernardes Colaço, Jonair Lopes Nunes, Silvio Rogério Alves e Maria Catarina Cebalho, trata de oficina de jogos pedagógicos com materiais recicláveis, a qual permitiu a promoção da conscientização ambiental. Essa ação se preocupa com a produção crescente de resíduos sólidos, devido ao consumo excessivo na sociedade. A metodologia envolveu pesquisa, planejamento e a criação dos jogos, seguidos por uma apresentação dos jogos a alunos de outras turmas da escola durante a oficina.

Em seguida vem o texto **FOLIA DE SANTOS REIS EM GOIÁS: MEMÓRIAS E DESAFIOS DE UMA TRADIÇÃO CULTURAL**, de Adjair Luiz Ferreira e Maria Catarina Cebalho, que aborda a Folia de Santos Reis do Estado de Goiás, uma manifestação da cultura imaterial, destacando seu valor cultural. A metodologia utilizada baseou-se em memórias pessoais. A festa era uma tradição em que pessoas devotas fizeram votos e promessas, pagando esses compromissos durante a celebração. O grupo de foliões se organizava para ensaiar músicas e visitar casas. No entanto, essa tradição enfrenta desafios com sua diminuição ao longo do tempo, devido a problemas como o consumo de álcool, uso de entorpecentes e roubos, que ameaçam sua continuidade. Por isso, o autor Adjair Luiz Ferreira decidiu deixar essa história em formato de texto, para que não se perca com o passar dos anos.

O DESAPARECIMENTO DAS ABELHAS POLINIZADORAS DEVIDO AOS INCÊNDIOS FLORESTAIS: SEM ABELHAS, SEM ALIMENTOS, SEM VIDAS, de Alline Camily Ribeiro Manaca, Izabela Rodrigues Oliveira, Vanesa Isabely Gonçalves Rojas e Maria Catarina Cebalho, aborda as experiências vivenciadas em um sítio chamado Campinas, localizado próximo à Polícia Federal na BR-174, a 6 km da cidade de Cáceres-MT, destacando a importância dos polinizadores, como as abelhas, para a biodiversidade e a produção de alimentos. Também ressalta a ameaça dos incêndios florestais a essas abelhas e ao equilíbrio ambiental. Baseada nas vivências de um apicultor, a pesquisa revela que incêndios destruíram várias colmeias. Além disso, aborda a produção de mel em Mato Grosso e a necessidade de prevenir incêndios. No final, enfatiza a urgência de proteger os polinizadores e compartilhar informações sobre os impactos das queimadas para a preservação ambiental.

EXPLORANDO A DIVERSIDADE CULTURAL ATRAVÉS DAS MINHAS MEMÓRIAS NA FANFARRA, de David Gabriel Araujo Santana, Maria Catarina Cebalho e Cristiane Villas Boas Schardosin. Nele, o primeiro autor compartilha uma experiência vivenciada desde a sua infância. Ainda bem pequeno a Fanfarra chamou a minha atenção, despertando meu desejo de participar dela. Aos cinco anos, entrei num grupo de fanfarra, aprendendo a tocar o surdo. A determinação me guiou por dias intensos de treinamento e, assim, obtive muito aprendizado. Logo surgiu a oportunidade de competir juntamente com meus colegas, representando a Escola Estadual Antônio Carlos de Brito, da cidade de Pontes e Lacerda. O sucesso da competição trouxe vitórias e medalhas. Com a conquista, nossa escola ganhou reconhecimento, abrindo portas para novos desafios. A escrita deste trabalho foi baseada em leituras, roda de conversas, pesquisas, com o objetivo de registrar uma vivência regada de muito aprendizado.

FESTA DOS MASCARADOS, de Fernando Costa Prado e Maria Catarina Cebalho, se concentra na Dança dos Mascarados de Poconé, uma tradição com raízes na cultura local. Essa dança exclusivamente masculina envolve damas e galãs com trajes ornamentados e máscaras, com elementos religiosos em homenagem a São Benedito e o Divino Espírito Santo. O processo de pesquisa incluiu uma exploração de memórias familiares e leituras. Esta tradição é um testemunho vivo da cultura pantaneira e desempenha um papel significativo na identidade local. O evento inclui também a Cavalhada, onde cavaleiros Mouros e Cristãos competem.

CHUVA DE CRIATIVIDADE: DAS SOMBRINHAS ÀS ROUPAS ÚNICAS, de Hernanys Aguiar da Silva, Maria Catarina Cebalho e Lelyane Santos Silva, traz um relato que é resultado das memórias acumuladas ao longo da vida. E nessa jornada nostálgica, que Hernanys Aguiar da Silva relembra com carinho de uma época em que a simplicidade e a criatividade eram as principais ferramentas para transformar o cotidiano em algo especial. Quando, ainda criança, eu e meus familiares passamos por um período de muita dificuldade, mas minha mãe, uma habilidosa costureira, com auxílio de uma máquina de costura, dava asas à sua criatividade, confeccionando lindas peças de roupas com tecidos de sombrinhas velhas encontradas no lixo. A princípio as roupas confeccionadas eram para suprir nossas necessidades, mas com o passar do tempo passou ser o meio de ganhar dinheiro para o sustento da nossa casa.

REGISTROS E MEMÓRIAS, de João Pedro Nascimento Pedroso e Maria Catarina Cebalho, baseou-se em memórias da infância, destacando a alegria, descobertas e brincadeiras desse período, mas os avanços tecnológicos trouxeram mudanças no estilo de vida, principalmente após a pandemia. Utilizamos uma metodologia que envolveu rodas de conversa e pesquisa de memórias. O objetivo foi registrar as brincadeiras tradicionais na II Olimpíada Nacional e na III Mostra Científica de Povos Tradicionais, preservando a cultura das brincadeiras tradicionais, e permitindo que as crianças do futuro conheçam as brincadeiras do passado.

MEMÓRIAS DE UM MENINO, de Marcelo Ferreira Sores Rodrigues e Maria Catarina Cebalho, relata sobre as memórias que marcaram a vida do primeiro autor e as vivências compartilhadas com sua minha família. Durante a escrita, relembrei minha infância e a convivência com meus avós, bem como as brincadeiras e minha trajetória escolar. Nossa abordagem metodológica baseou-se na exploração das memórias de família, iniciando com uma roda de conversa. Durante essa dinâmica, a professora traçou uma linha do tempo na lousa e solicitou que um colega compartilhasse um episódio da sua vida. A partir dessa linha do tempo, o processo de narrativa ganhou forma. Além disso, sob a supervisão da professora, fomos orientados a realizar leituras e pesquisas em livros, para auxiliar o embasamento teórico dessa atividade.

CANDOMBLÉ E CULTURA AFRO-BRASILEIRA: UMA JORNADA PESSOAL DE DESAFIOS E RESILIÊNCIA, de Marcos Andrey da Silva Souza, Vanderson Soares da Silva Deluque, Maria Catarina Cebalho e Nághila Cristina Amada da Silva. A cultura afro-brasileira passou a ter mais visibilidade nas escolas com a promulgação da Lei n.º 10.639/2013 e a Lei n.º 14.519/2023, que ressalta a importância dessas tradições de raízes de matrizes africanas e Nações do Candomblé. Nesse contexto, os autores compartilham suas experiências e crença na fé Candomblecista. Vale destacar, a discriminação vivida por ser praticante dessa religião, que acontece devido à falta de conhecimento das pessoas. Sendo assim, neste espaço, os autores trabalham a conscientização sobre a religião, com o objetivo de combater estereótipos, bem como o respeito à diversidade em nossa sociedade.

CULTURA E DEVOÇÃO: A FESTA DO CONGO EM VILA BELA DA SANTÍSSIMA TRINDADE, MT, de Vagner Augusto Nunes Cipriano, Fagner Matheus Mello Assis e Maria Catarina Cebalho, descreve a Festa do Congo em Vila Bela da Santíssima Trindade, em MT. Durante cinco dias, a cidade realiza os festejos do Congo, que se iniciam às 5 horas da manhã, na véspera do dia de São Benedito, com reza cantada e queima de fogos. Os festeiros, incluindo músicos-soldados e dançarinos, marcham e cantam pela cidade ao som de instrumentos como o ganzá, o bumbo e o cavaquinho. Os soldados protegem os festeiros, como o Rei, a Rainha, o Juiz e a Juíza, que carregam objetos sagrados, enquanto as promesseiras levam flores. Além disso, inclui levantamento de mastros, Noite Cultural com dança, poesia e shows. Esta celebração é uma demonstração vívida da devoção religiosa e cultural.

A DOCE TRADIÇÃO DO BOLO DE ARROZ DE DONA REGINA EM CÁCERES-MT, de Yasmim de Brito Teixeira, Maria Clara Cebalho Nunes e Maria Catarina Cebalho. Dona Regina, guardiã de uma tradição culinária com mais de 50 anos em Cáceres, Mato Grosso, preserva a arte de fazer o Bolo de Arroz, transmitida por gerações em sua família, desde sua tataravó. A menina Regina, aos 10 anos, já auxiliava sua avó Catarina na preparação do bolo. No início, a produção era totalmente artesanal, com arroz socado no pilão e mandioca ralada à mão. Embora modernizados em alguns aspectos, os métodos não alteraram o sabor autêntico do bolo assado em forno de barro. O processo começa na madrugada, com etapas realizadas no dia anterior, a massa descansa por 12 horas antes de assar. Às 6 horas da manhã, já tem bolinho assado. Além dos vendedores ambulantes, Dona Regina tem seus clientes fiéis.

FESTA DE SANTOS REIS NA CIDADE DE ARAPUTANGA-MT, de Zulmiro Ribeiro Lopes Junior, Rosa Amparo Para Lopes e Maria Catarina Cebalho, explora as memórias da família de Zulmiro Ribeiro sobre a Festa de Santo Reis, na cidade de Araputanga-MT. A festa foi realizada por várias gerações. Uma semana antes da festividade, os foliões visitavam casas, cantando e rezando em homenagem a Santos Reis e Deus, nosso pai. Na véspera do evento, muitas pessoas uniam as forças para a organização das atividades, incluindo a decoração, abate dos animais, preparação de alimentos. Após o falecimento do pai de Zulmiro, sua mãe optou por não dar continuidade à festa, mas mesmo assim ela continua participando do encontro dos devotos de Santos Reis na cidade de São José dos Quatro Marcos-MT. A intenção ao registrar esta rica tradição é evitar que ela caia no esquecimento.

JUVENTUDE E CAPOEIRA NAS AULAS DE EDUCAÇÃO FÍSICA: UMA EXPERIÊNCIA DE MOVIMENTO E CULTURA AFRO-BRASILEIRA, de Marcelo Moreira de Andrade, Alisson Firmino e Maria Catarina Cebalho, relata a experiência de ingresso à capoeira durante a juventude, iniciando na Escola Municipal Luís Maria de Lima, em Jauru, Mato Grosso. Descreve como o interesse surgiu a partir de aulas teóricas de Educação Física e evoluiu para a prática, sob a orientação do professor Paulo. O conteúdo aborda os principais elementos da capoeira, incluindo a formação da "roda", a ginga, as acrobacias impressionantes, a importância da música e da instrumentalização, além dos movimentos e ataques típicos. A capoeira é apresentada como uma manifestação cultural e histórica que combina luta e dança, destacando seu significado na resistência da cultura afro-brasileira.

Os organizadores

1

DECOLONIALIDADE E INICIAÇÃO CIENTÍFICA NA EDUCAÇÃO BÁSICA NA CIDADE DE CÁCERES-MT

Lisanil da Conceição Patrocínio Pereira

Evaldo Ferreira

Miguel Castilho Junior

Waldinéia de Antunes Alcântara Ferreira

O menino que carregava água na peneira

Tenho um livro sobre águas e meninos.

Gostei mais de um menino

que carregava água na peneira.

A mãe disse que carregar água na peneira

era o mesmo que roubar um vento e

sair correndo com ele para mostrar aos irmãos.

A mãe disse que era o mesmo

que catar espinhos na água.

O mesmo que criar peixes no bolso.

O menino era ligado em despropósitos.

Quis montar os alicerces

de uma casa sobre orvalhos.

A mãe reparou que o menino

gostava mais do vazio do que do cheio.

Falava que vazios são maiores e até infinitos.

Com o tempo aquele menino

que era cismado e esquisito,

porque gostava de carregar água na peneira.

Com o tempo descobriu que

escrever seria o mesmo

que carregar água na peneira.

No escrever o menino viu

que era capaz de ser noviça,

monge ou mendigo ao mesmo tempo.

O menino aprendeu a usar as palavras.

Viu que podia fazer peraltagens com as palavras.

E começou a fazer peraltagens.

Foi capaz de modificar a tarde botando uma chuva nela.

O menino fazia prodígios.

Até fez uma pedra dar flor.

A mãe reparava o menino com ternura.

A mãe falou: Meu filho, você vai ser poeta!

Você vai carregar água na peneira a vida toda.

Você vai encher os vazios

com as suas peraltagens,

e algumas pessoas vão te amar por seus despropósitos!

(BARROS, M. de. *Exercícios de ser criança*. São Paulo: Salamandra, 1999)

Os textos aqui apresentados fazem referência à Lei n.º 10.639/03, que estabelece a obrigatoriedade do ensino da História e Cultura Afro-Brasileira, e a Lei n.º 11.645/08, que inclui no currículo oficial da rede de ensino a obrigatoriedade da temática "História e Cultura Afro-Brasileira e Indígena".

A II Olimpíada Nacional seguiu os objetivos de:

- Cumprir com o tripé Ensino, Pesquisa e Extensão e fomentar o interesse de crianças, adolescentes, jovens e professores/as pela ciência, introduzindo-os/as à racionalidade do conhecimento científico.

- Divulgar à comunidade a produção científica e cultural, com a temática **"POVOS DO BRASIL: Sustentabilidade, Territórios e identidades"**, de escolas públicas de ensino fundamental e médio do país.

A decolonialidade está em estudarmos e seguirmos junto dos **Povos Tradicionais, Quilombolas e Indígenas,** e esse é um trabalho feito entre *Nós,* e *Conosco.* Quando falamos *Nós* e *Conosco* e também com os *Outros,* falamos do movimento que alicerça o Laboratório de Estudos e Pesquisas da Diversidade da Amazônia Legal (LEAL) e também o Núcleo de Desenvolvimento Territorial (NEDET). Tanto o grupo de pesquisa como o núcleo de extensão os denominamos de "Nós, Conosco, Entrenós e com os Outros"; às vezes o movimento *Nós, Conosco* é penoso, achamos que os que estão próximos não falam a mesma língua e têm dificuldades em compreender o que está sendo dito. Diante das dificuldades da própria compreensão do que é este projeto que se alicerça na decolonialidade e na pedagogia freiriana, por vezes paramos para desdizer, aí nos ensinam que cada um e cada uma está em uma fase e que é difícil compreender essa luta por um mundo melhor.

Essa luta significa ler e escrever o próprio mundo tão cheio de dificuldades de escritas para construir um projeto e ou um texto para uma comunicação científica, e essa tessitura nos coloca diante de notícias falsas. Diríamos que tem sido árduo. Temos teimado, temos resistido.

Somos Utopias diante das tramas e trâmites da burocracia – que tem sido perturbadora –, na resistência, recuamos, seguimos, aprendemos, também nos questionamos: nos tornamos máquinas? As mesmas máquinas que criticamos, estamos vivendo no modo automático igual ao delas? Não! Não nos tornamos máquinas, estamos na academia e hoje as exigências são muitas, e se queremos nos manter na estrutura da academia, temos que nos adaptar às exigências, e cumprimos com elas fazendo aquilo que acreditamos que ajuda na construção de um mundo melhor e o fazemos caminhando com pessoas que ou fazem parte ou compreendem o que são os povos tradicionais, quilombolas e indígenas.

Ficamos felizes em aprovar projetos que vão subsidiar um trabalho tão significativo, mas aí entra a burocracia na orquestra da seletividade que é torturante. A política de seleção e distribuição de BOLSAS nos enreda em mil procedimentos seletivos e discriminatórios, que impedem a autonomia de gestão da própria pesquisa. Para este grupo que aprendeu cedo nas dificuldades que a vida nos impôs, o trabalho é militante,

> Por vezes, os sistemas criados para nos aprisionar, mais inviabiliza do que possibilita a realização de qualquer que seja o trabalho, de forma que tudo que é feito é com muita teimosia. Temos a certeza de que nenhum sistema do mundo vai dar conta de nos entender. Somos a utopia na contramão desse sistema. Resistiremos pelos estudantes que teimam romper com modelos totalitários de uma escola colonial que insistem em nos manter em caixinhas. Esses estudantes apontam para nós que o caminho se faz ao caminhar, que mudar não só é preciso, mas que eles têm uma força que movem estruturas duras (Pereira; Ferreira, E.; Ferreira, W., 2022, p. 14).

Esta Coletânea também tem o amparo e o respaldo de projeto financiado pela Coordenação de Aperfeiçoamento de Pessoal de Nível Superior (Capes), e por isso compõem uma Cartografia sociocultural, diversidade em Terras Indígenas, Povos Tradicionais e Quilombolas. Assim, é de todo significativo enfatizar que o trabalho contribui para o fortalecimento dos programas de pós-graduação envolvidos, fundamentalmente a Geografia, a Educação, e a Educação Intercultural Indígena. Estes programas trabalham com a diversidade, identidade cultural e a memória, a vida social dos povos e das comunidades, os processos educativos e suas configurações nesses diversos espaços geográficos e culturais. São nossos estudantes da pós-graduação, orientandxs da pós-graduação em Geografia e Intercultural Indígena, que têm contribuído com a produção científica na escola. Estão pegando no Chifre do Boi e estão aprendendo juntxs, sobretudo quando consideramos as nossas dificuldades para a produção textual, sobremaneira da pesquisa.

2

O OLHAR DE UM ALUNO CADEIRANTE SOBRE A ACESSIBILIDADE, EM UMA ESCOLA PÚBLICA NA CIDADE DE CÁCERES-MT

Ricardo Costa Pereira Marta

Jussara Cebalho

Anastácia da Cruz Moraes Álvares

Introdução

Este trabalho é um relato de experiência para participação na II Olimpíada Nacional e III Mostra Científica de Povos Tradicionais, Quilombolas e Indígenas de Mato Grosso, evento do qual soube pelas professoras de Geografia da Escola Estadual de Desenvolvimento Integral da Educação Básica Professor Milton Marques Curvo, onde estudo. Essa escola está localizada na cidade de Cáceres-MT. Meu nome é Ricardo Costa, sou cadeirante há oito anos, portador de uma deficiência tetraplégica M. Ao longo dos anos, fui cuidado pela minha família, consegui me adaptar e, há cerca de dois anos, consegui minha independência, hoje moro sozinho em uma casa do Projeto Minha Casa, Minha Vida, recebida durante o mandato da presidenta Dilma Rousseff.

Parte da casa veio adaptada, como o banheiro, a rampa, já outras adaptações eu fiz por conta própria, pois pelo menos minha casa tem que ser acessível. Para realizar alguns dos meus sonhos, comecei a estudar, terminei o ensino fundamental e atualmente estou cursando o primeiro ano do ensino médio, na modalidade EJA (educação de jovens e adultos). Na escola onde estudo, trabalham excelentes profissionais, mas quando falamos em acessibilidade, a estrutura física da escola, na minha opinião, ainda tem muito a melhorar, igual a muitas outras da cidade de Cáceres-MT.

Metodologia

Para a realização deste trabalho, foram realizadas pesquisas bibliográficas, além de entrevistas junto à gestão da Escola Estadual de Desenvolvimento Integral da Educação Básica Professor Milton Marques Curvo, em Cáceres-MT, onde estudo atualmente. As perguntas versaram sobre: se a EEDIEB Professor Milton Marques Curvo é uma escola que atende a acessibilidade na infraestrutura e no ensino e aprendizagem; sobre o conhecimento da gestão a respeito da lei federal que garante a acessibilidade nas escolas públicas e privadas e se ela favorece a escola em questão; se a gestão acha que existe problema de acessibilidade na escola para os alunos e alunas cadeirantes e qual órgão da Secretaria de Educação do Estado (SEDUC) é responsável por atender essa situação; sobre quantos anos fazem parte da gestão da escola, se a SEDUC atende aos pedidos de melhoria para a acessibilidade e quais foram as demandas solicitadas e atendidas; por fim, se a escola em questão é uma escola inclusiva.

Resultados e discussão

Quando falo da falta de acessibilidade, não remeto somente às escolas, mas à cidade de Cáceres, como um todo. Aonde eu vou, sempre encontro degraus, buracos nas calçadas, postes nas calçadas, rampas mal planejadas, uma total falta de empatia com os cadeirantes. Para Castro *et al.* (2018, p. 101), "a acessibilidade é um dos primeiros requisitos que possibilita a plena inclusão de acesso dos alunos, pois garante a possibilidade, a todos, de chegar até a escola". No entanto, existem pessoas que pensam que discutir acessibilidade é frescura ou não tem prioridade, falta muito respeito ao próximo e às pessoas com deficiência física.

Ainda de acordo com Castro *et al.* (2018), a garantia da acessibilidade às pessoas com deficiência nas instituições educacionais transcende a mera inclusão social, estabelecendo-se como um direito inalienável do próprio indivíduo.

Por isso, é fundamental que o poder público, engenheiros, arquitetos e tantas outras pessoas que estão no poder e que são nossos representantes tomem medidas realmente efetivas. Ao falar do espaço físico da Escola Milton Marques Curvo, vejo que precisa de melhorias na questão da acessibilidade, já que o número de alunos com deficiência têm crescido e a falta de acessibilidade pode fazer com que alunos desistam de estudar.

Ao entrevistar a coordenação da escola, foi relatado que procuram por acessibilidade para todos, só que não depende exclusivamente da gestão escolar, e sim do governo, que hoje a escola possui rampas, carteiras adaptadas, mas que ainda tem detalhes a melhorar.

Para Manzini e Corrêa (2011), a preocupação com a situação da acessibilidade física das escolas públicas tem sido gradualmente evidenciada em estudos conduzidos em diferentes áreas do Brasil. Essas pesquisas têm como propósito levantar informações sobre as condições de acessibilidade nas escolas públicas, ou fornecer orientações aos responsáveis pela gestão da educação para a criação de ambientes mais acessíveis.

Vejo que o ponto mais crítico é o banheiro, como podemos observar na Figura 1, pois para um cadeirante, é de difícil acesso; como exemplo, quando eu vou usar o banheiro, tenho que passar vergonha e improvisar, se eu não fizer isso, não dou continuidade aos meus estudos e não concretizo meus sonhos, que é o de fazer um ensino superior.

Figura 1 – Banheiro

Fonte: os autores (2023)

A meu ver, como cadeirante, as rampas da escola teriam que ser refeitas, deixá-las mais longas, fazer calçadas, eliminar degraus, fazer banheiros com as portas mais largas, colocar piso tátil para deficientes visuais, vejo que há espaço para fazer essas melhorias, só não sei se isso interessa a quem está no poder.

Por fim, penso que a escola é um lugar de todos e uma escola com acessibilidade passa a ser um exemplo de educação e inclusão para todos.

Considerações finais

A falta de acessibilidade na escola é um assunto de extrema importância e que merece toda a nossa atenção. Uma das principais conclusões que podemos destacar é a necessidade de mudanças na estrutura da escola, para garantir a acessibilidade. É fundamental que as escolas adaptem suas instalações, como rampas, corrimãos, pisos táteis e banheiros adequados, de forma a possibilitar o acesso e a mobilidade de todos os estudantes, independentemente de suas limitações físicas.

Referências

CASTRO, G. G. de; ABRAHÃO, C. A. F.; NUNES, A. X.; NASCIMENTO, L. C. G. do; Figueiredo, G. L. A. Inclusão de alunos com deficiências em escolas da rede estadual: acessibilidade e adaptações estruturais. **Revista Educação Especial**, Santa Maria, v. 31, n. 60, p. 93-106, 2018.

MANZINI, E. J.; CORRÊA, P. M. **Avaliação da acessibilidade em escolas de ensino fundamental usando a tecnologia digital.** 2011. Disponível em: https://anais.anped.org.br/sites/default/files/gt15-4331-int.pdf. Acesso em: 21 set. 2023.

FESTA DO TAQUARAL EM DEVOÇÃO A NOSSA SENHORA DO CARMO – CÁCERES-MT

Gabrielly Eduarda de Moura Campos

Nícolas Campos Silva

Dulcina Franciele de Campos Silva

Sonia Maria de Campos

Introdução

A Festa do Taquaral é uma comemoração religiosa que celebra Nossa Senhora do Carmo, realizada na Comunidade do Taquaral, a 30 quilômetros de Cáceres-MT (Figura 1), no mês de julho, terminando quando se desfaz o altar (no qual é permitida apenas a presença dos familiares e pessoas que fazem parte da comunidade). Depoimento de uma moradora da comunidade relata sobre a importância da festa: *"A festa é considerado um símbolo muito importante para os moradores da comunidade. Ao celebrar a festa em honra a Nossa Senhora do Carmo, conseguiremos manter viva a memória do local"*.

A comunidade onde é realizada a festa possui 29 hectares, área doada pelos antigos donos para construir a igreja Nossa Senhora do Carmo, localizada na morraria. Da estrada é possível notar imagens de cruzes, lugar de existência de dois cemitérios: de adultos e crianças.

Figura 1 – Mapa de Cáceres

Fonte: Serpegeo (2024)

Nesse local, havia uma escola para atender as crianças que moram na comunidade, porém foi desativada devido ao redimensionamento (Redimensionamento na Educação é obrigação legal, de acordo com a Constituição Federal e com a LDB). Com a mudança, os estudantes precisam deslocar-se para uma escola em Vila Aparecida utilizando transporte escolar, devido à longa distância.

A comunidade possui uma igreja, onde ocorrem as rezas, tombada ("tombada", ação realizada pelo poder público para preservar algo) pelo Instituto do Patrimônio Histórico e Artístico Nacional (Iphan). O local onde é realizada a manifestação cultural dentro da comunidade é uma Casa Comunitária, própria para receber os festeiros, com vários quartos, enorme cozinha para preparar os alimentos da festa. Ademais, conta com um amplo salão onde acontece a dança de São Gonçalo, cantada pelos cururueiros no som da viola de cocho acompanhada pelo ganzá.

No fundo do sítio passa o córrego do Monjolo. Além dessa organização espacial, embaixo do pé de tamarindo da entrada reza lenda que existe um baú cheio de tesouros, mas que não pode ser retirado, pois tem uma maldição. Assim esse conhecimento popular, para não se perder, é repassado de geração a geração.

A festa possui toda uma organização; os festeiros são escolhidos um ano antes da realização da festa, assim, como o Procurador, os festeiros são: o Juiz, a Juíza, o Alferes da Bandeira, o Capitão do Mastro, o Rei e a Rainha. O Procurador e os festeiros são aqueles que organizam a comemoração, um mês antes de iniciar a festa eles realizam a limpeza do local, reformas na estrutura física.

A festa se inicia na sexta-feira com a reza em uma sala com imagem da Santa e as pessoas dançando em volta, tocando viola de cocho (Figura 2) acompanhada com ganzá. São servidos licor, vinho e pinga, depois eles vão a caminho da igreja cantando e levando a imagem e pegam o mastro.

Figura 2 – Roda de Cururu

Fonte: os autores (2023)

Já em frente da igreja eles colocam a imagem da santa e a coroa no topo do mastro (Figura 3) e começam a rezar. Algumas pessoas seguram a vela, em seguida levantam o mastro e colocam a vela em baixo.

Figura 3 – Mastro da festa

Fonte: os autores (2023)

Seguidamente voltam para a sala e dançam Siriri, que consiste em pessoas em roda batendo palmas, movimentando em círculo e os dançarinos vão respondendo os cantores, depois que acabam começa a janta, que é totalmente gratuita. Sem demora, forma-se uma multidão no salão de dança para acontecer a dança folclórica São Gonçalo, que é formada por dois violeiros e os dançarinos. De acordo com Carvalho (2007, p. 64),

> [...] as manifestações culturais estão no centro do espaço ocupado hoje pelos estudos folkcomunicacionais. A partir deste diagnóstico inicial, as mesmas podem ser entendidas como formas de expressão da cultura de um povo, constituindo movimento de determinada cultura, em época e lugar específicos.

Nesse sentido, percebe-se que essas manifestações culturais são representativas, que dão voz a uma forma subjetiva, como se pode verificar no encontro de um grupo que se expressa por meio de cantos, devoção que envolve expressão cultural e corporal.

Após todas essas comemorações, o baile começa – normalmente contratam bandas que costumam tocar rasqueado, lambadão e forró típico do estado de Mato Grosso. A festa acontece de sexta-feira a domingo, quando desce o mastro. No outro final de semana, quando o altar é desmanchado, acontecem, em formato menor, as rezas, baile com banda menor, assim a comunidade Taquaral se delineia rica manifestação cultural.

Durante a festa são servidas comidas típicas: caldo de carne com banana, carne com mandioca, carne assada, salada; no café da manhã oferecem bolachinhas e café, e depois do almoço costumam dar doce de mamão e de leite. À noite, são vendidos pastéis, algodão doce, maçã do amor e pipoca. Também tem bebidas que não são comercializadas (licor, vinho), e as vendidas são pinga, cerveja e refrigerante.

Com relação à ação do Iphan, após a igreja ser tombada, virando um patrimônio histórico, viu-se a necessidade de tombar a festa também, pois é um patrimônio imaterial tradicional que acontece há décadas, mantendo a cultura e preservando os costumes desse povo de geração em geração. De realização anual, a festividade é um canal de produção artística e cultural do Taquaral. É uma tradição entre os festeiros, comunidade; essas manifestações culturais atraem turistas.

Segundo depoimento de uma festeira, *"foi muito bom a igreja e a festa tornar patrimônio, assim corre menos risco de desaparecer no tempo e torna mais valorizada"*.

Metodologia

Este trabalho seguiu o seguinte percurso metodológico: participação presencial da pesquisadora na festa de Nossa Senhora do Carmo, primeiramente observou o campo da pesquisa, por meio de aproximação com festeiros e convidados, obteve confiança para realizar as entrevistas e fotografar o local, isto é, por meio da observação e vivência no local da pesquisa, ou observação participante; leituras bibliográficas de conceitos para dar sustentação teórica na pesquisa; e utilização de mapa.

Resultados e discussão

Percebemos que há um grande esforço dos moradores mais antigos para manter essa identidade cultural, porém é certo que a cultura é dinâmica, não permanecerá porque as gerações possuem um novo desejo, são seduzidos a outros valores. A Escola poderá contribuir com ações pedagógicas para valorizar a cultura local, para que desenvolva nos alunos da comunidade sentimento de pertencimento. Nosso país é fruto de uma diversidade de crença, cultura, formas de expressões, o que torna a comunidade única. Esses elementos devem ser considerados no plano de aula, no PPC da Escola, para que o aluno torne-se um sujeito ativo do processo ativo e participativo.

> Acreditamos que essas especificidades precisam ser consideradas na prática educacional local que deve, portanto, valorizar e resgatar os saberes vindos da sociedade e que os estudantes trazem consigo, fruto de sua vivência. Assim, a escola deve ser "o local de mediação entre a teoria e a prática, o ideal e o real, o científico e o cotidiano" (Gondim; Mól, 2009, p. 2).

Considerações finais

É importante para a cultura mato-grossense a devoção da comunidade à Santa da Igreja Católica, Nossa Senhora do Carmo. Percebe-se nitidamente a preocupação para manter viva essa cultura religiosa, passada de geração a geração, bem como os costumes das rezas, danças folclóricas, além de preservar a localidade.

Referências

CARVALHO, S. V. C. B. R. "Manifestações culturais". *In*: GADINI, S. L.; WOLTOWICZ, K. J. (org.). **Noções básicas de Folkcomunicação**. Ponta Grossa, PR: UEPG, 2007.

LEI 10.883/2019. Declara a Festa do Taquaral, realizada no município de Cáceres, como Patrimônio Histórico Artístico e Cultural de Mato Grosso. **Jornal Oeste**, 2019.

GONDIM, M. S. C.; MÓL, G.S. Interlocução entre os saberes: relações entre os saberes populares de artesãs do triângulo mineiro e o ensino de ciências. In:

Encontro Nacional de Pesquisa em Educação em Ciências, 7., 2009, Florianópolis. **Anais [...]**. Florianópolis, 2009.

SERPEGEO. **Atlas municipal de Cáceres**: localização. Cáceres: Unemat, 2024. Disponível em: http://www2.unemat.br/atlascaceres/index.php?pasta=localizacao. Acesso em: 28 jun. 2024.

4

PRIMEIRA RÁDIO DE CÁCERES-MT

Glory Lojaine Palocio

Emily Fernanda Marques

Daniely Martins Gonçalves da Silva

Jussara Cebalho

Introdução

Este trabalho é sobre uma das primeiras rádios da cidade de Cáceres, mais concretamente sobre como vem se adaptando para acompanhar a cidade e a cultura no decorrer do dia a dia. E como quase fechou suas portas. As rádios existem há muito tempo e elas são o primeiro instrumento comunicador de massas, ou seja, que chega até muitas pessoas ao mesmo tempo. De acordo com Ferreira (2013), a invenção do rádio se tornou um importante instrumento na disseminação da informação.

Para realizar a pesquisa, organizamos algumas perguntas e com elas conseguimos registrar um pouco da história da Rádio Difusora de Cáceres-MT. De acordo com reportagem da Assembleia Legislativa do estado de Mato Grosso (2020), a Rádio Difusora foi inaugurada no dia 1.º de maio de 1978, momento em que se iniciaram as transmissões por radiofrequência entre os estados de Mato Grosso e Rondônia. E ela é atuante até hoje na cidade de Cáceres-MT. Por esse motivo realizamos a pesquisa, pois sabemos que emissora é importante na nossa cidade, é um dos veículos de comunicação, envia mensagens às pessoas que estão no sítio, tem programas de jornalismo, de entretenimento, e outras ações.

Metodologia

Este trabalho foi desenvolvido com pesquisa junto às pessoas que trabalham na rádio há mais de dez anos, e mostra a importância da rádio para a cidade, pois sem ela não teríamos tanto conhecimento. E como ela vai mudando conforme o tempo. Para realizar a pesquisa, organizamos algumas perguntas que foram importantes para a construção da história e do atendimento ao público pela rádio. Fizemos as seguintes perguntas: qual o nome da sua rádio e há quanto tempo ela está no ar? Quem foi o fundador? Quais os principais tipos de programa e conteúdo que a sua rádio oferece aos ouvintes? Quais são os horários de maior audiência na rádio? Há algum programa específico que seja especialmente popular? Quais suas formas de interação com os ouvintes? Vocês aceitam pedido de musicais ou sugestão de conteúdo? Vocês têm parceria com algum artista da cidade? A rádio produz algum evento? A Difusora transmite para outras cidades?

Resultados e discussões

A pesquisa feita por nós, alunos, teve como resultado a construção da história, funcionamento e abrangência da Rádio Difusora de Cáceres-MT. Assim a Rádio Difusora de Cáceres está no ar já vai fazer 45 anos, foi composta por quatro sócios: Antônio Ramon do Amaral, Josefina López do Amaral, Ivo Vignard e Marilda Amaral Vignard.

A rádio passou a funcionar a partir da autorização pelo Decreto n.º 78.201, de 4 de agosto de 1976. Esse decreto outorga concessão à Rádio Difusora de Cáceres Ltda. para estabelecer uma estação de radiodifusão sonora em onda tropical, na cidade de Cáceres, estado de Mato Grosso.

A seguir apresentamos algumas fotos que foram tiradas no dia da inauguração da Rádio Difusora (Figuras 1, 2 e 3).

Figura 1 – Diretor da Rádio Difusora, Ivo Vignard, e o prefeito Ernani Martins e autoridades

Fonte: acervo do Instituto Histórico e Geográfico de Cáceres (2024)

Figura 2 – Padre Ives TeralFigura 3 – Presidente da Câmara, Pedro Paulo

Fonte: acervo do Instituto Histórico e Geográfico de Cáceres (2024)

Desde que começou a funcionar, a rádio oferece programa de música e jornalismo. O programa mais popular, de jornalismo, é transmitido pela manhã. Esse programa anuncia as notícias do Brasil, do estado e as notícias locais.

Outro programa bastante popular é o *Lambadão 102*, que acontece nos sábados. E para que esse segundo programa aconteça existem recomendações de músicas do público, pois tudo vai a critério dos ouvintes.

A rádio tem parceria com artistas da cidade e um deles é a banda Ases de Forró. Ela já promoveu alguns eventos, mas isso antes da pandemia, por enquanto estão preparando projetos para o futuro.

É importante explicar que toda rádio é como um espaço de lazer para os ouvintes, de saber notícias e de ouvir suas músicas prediletas, inclusive oferecendo-as para outras pessoas.

Então, existem ouvintes aqui de Cáceres, das fazendas, sítios e de toda a região, como Araputanga, Mirassol D'Oeste e Quatro Marcos. Mas também temos ouvintes *on-line*, que são de fora do país, como Portugal, Uruguai e também de Londres. Isso mostra que a Rádio Difusora de Cáceres é bem conhecida e tem uma amplitude internacional.

Uma das nossas entrevistadas nos contou um pouco da sua jornada na rádio, nos falando que começou a trabalhar na emissora quando tinha apenas 17 anos, permaneceu na empresa por 5 anos e teve um afastamento, mas logo voltou. Depois daquele tempo fora da rádio, ela foi chamada para fazer uma entrevista, pois aquele cargo, que era ocupado pela sua irmã, estava disponível para ela.

Hoje ela apresenta um programa chamado *Cúpido 102*, que é destinado a cantadas e declarações de amor. Para ela não é um trabalho pesado, e sim uma forma de diversão, mais especificamente um *hobby*.

Considerações finais

Esta pesquisa demonstrou a história da Rádio Difusora e a sua importância como meio de comunicação e de diversão ou entretenimento e também como um instrumento de notícia pelo jornalismo. Mostrou a relação da rádio com a população e de como ela não é tão ouvida nos últimos tempos, já que antigamente era mais utilizada, sendo assim um tema profundo e presente no cotidiano das pessoas.

Referências

ANJOS, S. dos. **Deputado homenageia pioneira e fundadora da rádio Difusora de Cáceres**. 2020. Disponível em: https://www.al.mt.gov.br/midia/texto/deputado-claudinei-homenageia-pioneira-e-fundadora-da-radio-difusora-de-caceres/visualizar. Acesso em: ago. 2023.

CÁCERES. Decreto n.º 78.201, de 4 de agosto de 1976. Concessão à Rádio Difusora de Cáceres-MT LTda. **Diário Oficial da União**, Brasília, DF, 5 ago. 1976.

FERREIRA, A. da P. A invenção do rádio: um importante instrumento no contexto da disseminação da informação e do entretenimento. **Múltiplos olhares em Ciência da Informação**, v. 3, n. 1, mar.2013. Disponível em: https://periodicos.ufmg.br›article›download. Acesso em: ago. 2023.

5

UMA JORNADA DE TRANSFORMAÇÃO: EXPLORANDO EXPERIÊNCIAS PESSOAIS, CULTURAIS E GEOGRÁFICAS

Maria Aparecida Nunes Silva

Taise Nunes Silva

Jussara Cebalho

Introdução

A experiência pessoal descrita neste trabalho procura revelar a resiliência e determinação de uma mulher natural de Minas Gerais, cuja vida foi marcada por desafios, superações e transformações, principalmente por meio da educação, do casamento precoce ao papel de provedora, que abraçou a educação, a cultura e a geografia como meios de crescimento e empoderamento feminino. Biroli (2018, p. 2) fala que, na difícil caminhada da luta das mulheres contra as desigualdades, conquistas enfrentam resistências, retrocessos sucedem-se a avanços.

Dessa forma, a retomada da educação marca um novo rumo em sua história, pois não apenas abraça a oportunidade de aprendizado, mas também a converte em uma força motriz para sua transformação. A partir da participação em eventos significativos, como as Olimpíadas Nacionais de Povos Tradicionais, Quilombolas e Indígenas, ela não apenas compartilha sua voz, mas também se integra a uma rede de experiências entre alunos da Educação Básica.

Além disso, há a interação com imigrantes em Santa Catarina, que pode delinear uma trajetória que não se restringe apenas às linhas de sua própria vida, mas se estende a uma exploração de diferentes culturas e perspectivas.

Portanto, este trabalho oferece mais do que uma narrativa pessoal; ele pode nos fazer refletir sobre nossos próprios desafios e potenciais. A partir da jornada da protagonista, somos lembrados de que a vida é uma exploração contínua, cheia de surpresas e oportunidades, e que a resiliência e a busca pelo conhecimento podem nos guiar além das limitações que a vida nos impõe. A história pessoal pode servir de inspiração para outras pessoas, principalmente mulheres que enfrentam desafios semelhantes.

Metodologia

Como metodologia, foram realizadas pesquisas bibliográficas e memórias das experiências de vida feminina, das participações em eventos acadêmicos e dos momentos da viagem pelo estado de Santa Catarina.

Resultados e discussão

O relato aqui abordado explora a trajetória de uma mulher que narra sua vida, começando pelo casamento jovem e a mudança para o estado de Mato Grosso, onde nasceram as filhas, até ficar viúva, quando se viu na necessidade de recomeçar. Sua dedicação ao trabalho em supermercados para sustentar suas filhas demonstra sua força e determinação. Com diz Freire (2014, p. 62), "os sonhos são projetos pelos quais se luta". Sua realização não se verifica facilmente, sem obstáculos.

A decisão de retornar à educação por meio da EJA (educação de jovens e adultos) é um marco transformador e a levou a participar da Olimpíada Nacional de Povos Tradicionais, Quilombolas e Indígenas, realizada no ano de 2022, na Universidade Federal de Mato Grosso (UFMT), em Cuiabá. Para esse evento, foi escrito o artigo "Uma viagem pela Amazônia: uma janela para o conhecimento", o qual foi apresentado em um *banner*, sendo a autora contemplada com sua publicação, como pode ser observado na Figura 1.

Figura 1 – Exposição dos trabalhos em *banner*

Fonte: as autoras (2022)

Sobre esse artigo publicado, expressa sua gratidão às educadoras e mentoras que a guiaram nessa jornada, como as professoras Jussara Cebalho (mestranda da Unemat) e Anastácia da Cruz Moraes Álvares, professoras de Geografia na Escola Estadual de Desenvolvimento Integral Professor Milton Marques Curvo. Também à TaiseNunes Silva, professora de História especializada em Historiografia e Metodologia de Ensino e da Pesquisa, que foi uma das orientadoras. Agradece em especial à professora doutora da Universidade do Estado de Mato Grosso (Unemat) Lisanil da Conceição Patrocínio Pereira, coordenadora e idealizadora do evento, pela recepção em Cuiabá-MT.

Ressaltando a importância da educação e da cultura, nesse evento houve a participação de estudantes e professores de várias cidades de Mato Grosso com apresentações de trabalhos sobre vários temas relacionados aos povos tradicionais, houve debates, danças regionais, mostra de teatro, falas de professores, mestres, doutores e ainda a fala de uma professora de Portugal, que evidenciou o tema sobre mulheres menos favorecidas, violentadas, discriminadas todos os dias, não só violência física e psicológica, mas também falta de acesso ao trabalho, educação, alimentação, saúde de qualidade e moradia digna para si e seus filhos.

Nas palavras Freire (2014), "as crianças precisam crescer no exercício dessa capacidade de pensar, de indagar-se e de indagar [...]". Nesse sentido, Martins (1993) ensina sobre os vários tipos de leituras e sua importância para viver no mundo. Acredita-se que todos os alunos que participaram da Olimpíada levaram grandes conhecimentos na bagagem, que foram compartilhados, para motivar outros estudantes a participarem das próximas edições do evento, que tem grande relevância para os alunos da educação básica, dando a oportunidade de escreverem um artigo científico durante o ensino médio e também a contemplação de uma bolsa de Iniciação Científica Júnior do Conselho Nacional de Desenvolvimento Científico e Tecnológico (CNPq).

Para socializar os trabalhos apresentados nesse evento, foi promovida em Cáceres uma apresentação dos trabalhos de todos os estudantes das escolas do município que participaram da Olimpíada Nacional de Povos Tradicionais, Quilombolas e Indígenas, que reuniu professores, coordenadores e diretores de escolas públicas. Este encontro, que foi realizado no Museu, contou a presença da professora doutora Solange Ikeda, bióloga e professora da Unemat, que compartilhou do seu conhecimento, levando grande aprendizado.

Em dezembro de 2022, houve a formatura do ensino médio da EJA (Educação de Jovens e Adultos), momento emocionante, porque voltar à escola após 30 anos, escrever um artigo e concluir o ensino médio com êxito foi sem dúvida uma grande realização. Vivenciar tudo isso a fez uma pessoa mais confiante e com o pensamento de estar com o pé na universidade.

Porém, por motivo de força maior, a entrada na Universidade foi adiada. Nesse intervalo de tempo, surgiu uma viagem para Santa Catarina, onde, trabalhando em um supermercado, teve a oportunidade de interagir com uma diversidade de pessoas, incluindo imigrantes, principalmente venezuelanos e haitianos, que buscavam um futuro melhor no Brasil.

Durante esse período, foi possível conhecer a riqueza da cultura catarinense e sua população, predominantemente de origem europeia, juntamente dos pontos turísticos e eventos culturais. Houve uma imersão na geografia e na cultura de Santa Catarina, desde a ilha de Florianópolis até cidades históricas como Laguna, destacando monumentos como o Farol de Santa Marta.

Além disso, houve a experiência de morar por um tempo em Criciúma, uma cidade industrial conhecida como a capital do carvão, que tem, entre as cidades vizinhas, Forquilhinha, cidade natal de Zilda Arns, médica e fundadora da Pastoral da Criança. A celebração da cultura italiana em Nova Veneza e a preservação das florestas de Araucária, que já foram bastante devastadas, contribuem para uma grande compreensão ambiental do Estado.

Considerações finais

A experiência pessoal compartilhada neste artigo serve como um testemunho inspirador de resiliência, superação e busca constante por crescimento pessoal. As autoras procuram demonstrar como a educação, cultura e o conhecimento geográfico podem capacitar indivíduos a enfrentar desafios e transformar suas vidas. Além disso, experimento mostrar a história procurando elucidar a riqueza da diversidade cultural e geográfica do Brasil, para enriquecer nosso conhecimento acerca do nosso país.

Referências

BIROLI, F. **Gênero e desigualdades:** os limites da democracia no Brasil. São Paulo: Boitempo, 2018.

FREIRE, P. **A importância do ato de ler:** em três artigos que se completam. 35. ed. São Paulo: Cortez, 1997.

MARTINS, M. H. **O que é leitura**. 16. ed. São Paulo: Brasiliense, 1993.

6

O FIFOLK EM CÁCERES-MT, 2023

Naiara Ribeiro Cebalho Masai

Yasmina Vaca Peredo

Jussara Cebalho

Introdução

O presente trabalho vem abordar o Festival Internacional de Folclore (Fifolk) em Cáceres-MT, que traz consigo cultura e dança, a partir do desfile dos grupos folclóricos, que é o Chalana, de Cáceres, entre outros. A pesquisa consiste em evidenciar a importância do Fifolk que é realizado pelo grupo Chalana, com apoio da Prefeitura de Cáceres.

Discorreremos aqui a partir de pesquisa bibliográfica e da experiência de ter presenciado este grande momento em Cáceres-MT, principalmente as danças culturais, que trazem consigo uma grande alegria. Neto (2004) afirma que não significa considerar a cultura como o ponto mais importante em termos de conhecimento em relação a outras partes da sociedade, mas sim reconhecê-la como algo que permeia todas as dimensões sociais. Assim, a cidade recebeu a cultura, de vários países, neste Festival.

Como já dissemos, em Cáceres-MT, o Fifolk 2023 foi uma realização do grupo Chalana com apoio da Prefeitura de Cáceres e da Secretaria Estadual de Cultura, Esporte e Lazer de Mato Grosso (SECEL), aconteceu de 14 a 24 de setembro de 2023, para que a população tivesse a experiência de presenciar as apresentações culturais, o melhor de tudo, sem custo. Na Figura 1, trouxemos a imagem de divulgação do evento.

Figura 1 – Divulgação do evento

Fonte: imagem da internet

Metodologia

Como procedimentos metodológicos, utilizamos a leitura e pesquisa bibliográficas sobre cultura e a experiência única de ter vivenciado este grande evento, em Cáceres-MT.

Resultados e discussão

O Fifolk é um grande evento envolvido com a cultura e nosso Folclore de Mato Grosso. Conta também com diversos grupos nacionais e internacionais, como Chalana, Igarapé, Tradição de Cáceres; Ballet argentino e Calden Gaúcho, da Argentina; Mascarados, de Poconé-MT; e Sabor Marajoara, do Pará.

Para Edras Crepaldi, apresentador do evento, é um grande prestígio poder presenciar este grande evento envolvido em nossa cultura. Além de serem 10 dias de uma grande programação de dança entre diversos gêneros, tendo assim Argentina, Pará, Bolívia, Mato Grosso, podemos ver que é um festival cultural de vários países.

Assim, a partir das observações feitas durante o evento, é muito importante ressaltar que Fifolk é um movimento de tradição, dança, cultura e uma história. Envolve várias culturas, não se trata sobre só de um lugar, mas de diversas nações, podendo ver o verdadeiro significado de respeito e tradição.

Além disso, integrantes dos grupos participantes deste Festival se integram e socializam. Para Bäckström e Castro-Pereira (2012, p. 87), "atualmente não faz mais sentido falar de uma só cultura e torna-se urgente um diálogo em que cada cultura reconheça a outra como diferente de si, e não como inferior ou superior". Dessa forma, por meio da música e da dança, conhecem diversas culturas entre nações, deixando de lado as diferenças, conhecendo e respeitando a história de cada grupo participante.

O evento pôde ser presenciado e apreciado por toda população cacerense e também de municípios vizinhos, que puderam ver espetáculos de dança e música em 10 dias, sem custo nenhum, para que assim conhecessem mais sobre a cultura das diversas nações que participaram do festival.

Considerações finais

Nós sentimos grande orgulho de ter vivenciado este grande evento, jamais esqueceremos de onde vêm nossas raízes. Aprendemos mais sobre cultura, sobretudo a mato-grossense. Cáceres, em Mato Grosso, tem grande privilégio de receber essa diversidade cultural que está no Fifolk mostrando dança e música. Grandes conhecimentos conseguimos adquirir pesquisando e presenciando esse Festival, um grande trabalho que tem tradição ao longo dos anos, até hoje. Com isso, podemos concluir que a cultura é muito importante para um povo.

Referências

BACKSTROM. B.; CASTRO-PEREIRA, S. A questão migratória e as estratégias de convivência entre culturas diferentes em Portugal. **Rev. Inter. Mob. Hum.**, Brasília, ano XX, n. 38, p. 83-100, jan./jun. 2012.

NETO, A. V. **Currículo, cultura e sociedade**. São Leopoldo: Educação Unisinos, 2004.

HISTÓRIA DA ESCOLA ESTADUAL ONZE DE MARÇO

Marcos Vinicius Baicere de Almeida

Sara Ramos Scaff

Larissa Cristina Ramos da Silva

Jussara Cebalho

Introdução

Este trabalho foi realizado na cidade de Cáceres, situada à margem esquerda do rio Paraguai. A cidade foi fundada em 6 de outubro de 1778 por Luiz de Albuquerque de Melo Pereira e Cáceres, aparece na ata de sua fundação o nome de Vila Maria do Paraguai. "Em 1779 seu nome foi alterado para São Luiz do Paraguai, e em 30 de maio de 1874 foi elevada à categoria de município, denominado São Luiz da Cáceres e que, mais tarde, em 1938, foi denominado simplesmente, Cáceres, nome esse que perdura até os dias de hoje" (Atlas Municipal de Cáceres).

O município de Cáceres tem o rio Paraguai, que nasce no estado de Mato Grosso, na Chapada dos Parecis, e banha o Pantanal, sendo muito utilizado para a pesca. Em Cáceres ele é utilizado de diversas formas e é nele que acontece o maior festival internacional de pesca (FIP) em água doce do mundo, privilegiado pelo exuberante Pantanal. É nesse lugar que se encontra a Escola Estadual Onze de Março.

A Escola Estadual Onze de Março é uma escola pública em Cáceres-MT, situada no bairro Centro. Oferece educação especial e ensino médio. Localizada na Rua Tiradentes, 732, possui aparelho DVD, banda larga, biblioteca, cozinha, impressora, internet, laboratório de ciências, de informática, quadra de esportes, retroprojetor/projetor e outros. Possui dependências com acessibilidade. É uma escola bastante equipada, que procura atender quem vai estudar lá.

A pesquisa foi feita conversando com os professores e assim registradas as informações neste texto.

Metodologia

Este trabalho foi feito por meio de pesquisa com os professores sobre a história e o dia a dia passados na escola. Este processo de pesquisa foi necessário para que pudéssemos ter uma visão mais ampla sobre a escola e para que conseguíssemos fazê-lo de forma correta e trazendo as informações no trabalho. Foram feitas muitas conversas entre nós (o grupo) para que pudéssemos definir como iriamos finalizar este tema; enfrentamos muitas dificuldades, pois ficamos em dúvida com relação ao tema, não tínhamos ideia de qual deveríamos escolher, tanto é que trocamos de assunto várias vezes e enfim, depois de muitas reuniões, decidimos pesquisar sobre a nossa escola.

A decisão de fazer o trabalho sobre a escola foi importante, já que passamos muito tempo nesse ambiente, o que faz com que tenhamos conhecimento mais aprofundado sobre essa temática.

Resultados e discussão

A Escola Estadual Onze de Março foi criada pela Lei Estadual n.º 46, de 22 de outubro de 1947, com o nome de Ginásio Onze de Março. Sua instalação aconteceu no dia 1.º de abril de 1948, como anexo do Grupo Escolar Esperidião Marques.

As informações são de que o primeiro diretor do EEOM, quando ainda era ginásio, foi o Sr. Natalino Ferreira Mendes, primeiro cacerense a ser membro da Academia Mato-Grossense de Letras. Foi homenageado e tratado como imortal da Academia Mato-Grossense de Letras, membro do Instituto Histórico e Geográfico de Mato Grosso (IHGMT) e também membro fundador e presidente de honra do Instituto Histórico e Geográfico de Cáceres (IHGC).

Figura 1 – Frente da Escola Estadual Onze de Março

Fonte: imagem da internet

O ginásio, como era chamado antigamente, hoje EEOM, foi idealizado pelas autoridades da cidade, e o objetivo era fazer com que as pessoas permanecessem na cidade e tivessem onde estudar, onde fazer o ensino médio; outro objetivo era formar uma juventude de dirigentes ou futuros dirigentes locais.

De acordo com a pesquisa, o primeiro grupo de professores que trabalharam no ginásio era composto de cinco religiosos e cinco laicos, ou seja, pessoas que não pertenciam à igreja. Essa situação mostra a carência de pessoal adequadamente formado para a educação escolar. Atualmente, a realidade é outra, com a Universidade do Estado de Mato Grosso (Unemat), em Cáceres, muitos professores conseguiram sua graduação e mestrado dentro dessa instituição, o que faz com que o quadro atual da escola seja formado por professores capacitados e com formação.

Em 1962, foi construído o prédio próprio à Rua Tiradentes, que abrigava 150 alunos matriculados nas quatro séries. Nesse mesmo ano, com a aprovação da Lei Federal 4.024, esta escola recebia outra orientação de caráter específico de acordo com a Lei Orgânica do Ensino Secundário.

Em 1964 foi elevada à categoria de colégio pela Lei n.º 2.291, de 10 de novembro do mesmo ano. Passou a ser conhecida como CEOM, que ficou como marca registrada para todos da cidade de Cáceres. Muitas pessoas da cidade e das cidades vizinhas estudaram no CEOM, ela sempre foi uma escola que preparou os estudantes para a vida.

Atualmente, com uma nova nomenclatura, é a Escola Estadual Onze de Março, que desde o ano de 2002 passou a fazer parte do projeto Escola Jovem – Apoena. Está com 56 anos, uma entidade que já caminha para a terceira idade, porém com espírito jovem, APOENA, de olhar o horizonte sempre com novas perspectivas. Conta com um quadro de 55 professores, 1.437 alunos do ensino médio, 23 funcionários administrativos, quatro coordenadoras pedagógicas e uma diretora.

Possui laboratório de informática, de Ciências Naturais, biblioteca com aproximadamente 3.500 exemplares, auditório para palestras, 16 salas de aulas, totalizando 41 compartimentos físicos, uma quadra coberta, uma cantina e um refeitório.

Os professores disseram na pesquisa que o objetivo maior é proporcionar uma educação voltada para o exercício da cidadania, onde os alunos possam, mediante a produção do conhecimento, transformar a sociedade em que vivem, interferindo nela de forma consciente e ética, sempre que julguem necessário.

Afirmaram que a escola é um lugar de encontro e de novas aprendizagens, como, por exemplo, participar de eventos como esse da III Mostra Científica de Povos Tradicionais, Quilombolas e Indígenas, onde nós, os estudantes, aprendemos em pesquisa a produzir textos que são escolhidos por nós mesmos.

Encontramos na pesquisa que os professores atuam há muito tempo e que muitas pessoas já saíram da Escola Onze de Março e se tornaram profissionais, médicos, professores, advogados. A Escola Onze de Março ajuda as famílias na escolarização dos filhos das pessoas da cidade.

Considerações finais

A experiência que tivemos foi muito significativa, pois conhecemos muito mais sobre a escola, fizemos novas amizades, e foi divertido porque não nos limitamos apenas ao Google, conversamos com várias pessoas em relação à escola e isso foi também muito cansativo.

Achamos relevante esse tema porque estamos relatando para as pessoas conhecerem a nossa escola e também é muito importante como alunos que a conheçamos. Mostramos que a Onze de Março foi e é muito importante, pois foi uma das primeiras escolas a terem o ensino médio em Cáceres-MT.

Referências

MATO GROSSO. **Secretaria de Estado de Educação**: unidades escolares. Disponível em: https://www3.seduc.mt.gov.br/-/8220210-unidades-escolares. Acesso em: 15 maio 2023.

SERPEGEO. **Atlas Municipal de Cá**ceres. História. Disponível em: http://www2.unemat.br/atlascaceres/index.php?pasta=historia. Acesso em: 15 ago. 2023.

ZAKINEWS. **Tributo ao imortal professor Natalino Ferreira Mendes**. Disponível em: https://www.zakinews.com.br/noticia. Acesso em: 15 ago. 2023.

8

O PROGRAMA MINHA CASA, MINHA VIDA NA CIDADE DE CÁCERES: ANÁLISE ESPACIAL E SEGREGAÇÃO

Ana Catarina dos Reis Dias

Márcio Aurélio Alves da Silva

Samuel Fabrício da Silva

Anastácia da Cruz Moraes Álvares

João Guilherme Álvares Gil

Introdução

O presente trabalho parte da análise de observação geográfica da dinâmica socioespacial, destacando a urbanização acelerada e a segregação e desigualdade com o surgimento de bairros recentes onde foram construídos os novos residenciais. A pesquisa motivou geograficamente a nossa participação na II Olimpíada Nacional e III Mostra Científica de Povos Tradicionais, Quilombolas e Indígenas de Mato Grosso, evento orientado pelas professoras que ministram aulas na EEDIEB Professor Milton Marques Curvo e o acadêmico do curso de Biologia da Universidade do Estado de Mato Grosso (Unemat).

O texto apresenta a análise de alunos na observação de mudança da paisagem em relação ao programa habitacional Minha Casa, Minha Vida na cidade de Cáceres-MT, a partir da sua política de direitos a moradia e bem-estar social que todo cidadão e cidadã merecem. As casas foram construídas para famílias carentes desse município e ofereceram condições a muitas pessoas de se apropriar de uma estrutura que deu condições para financiar e usufruir de energia elétrica, água encanada, asfalto, posto de saúde.

Para Corrêa (2017), os agentes produtores do espaço urbano são os proprietários dos meios de produção (grandes empresas industriais e de serviços); proprietários fundiários; promotores imobiliários (loteadores, construtoras e incorporadoras imobiliárias, corretores imobiliários); o Estado (incluindo a noção de três escalas governamentais – municipal, estadual e federal) e os grupos sociais excluídos.

Observamos que ainda faltam escolas e creches, este é um dos fatores que mostram dificuldades para os alunos estudarem, pois a distância dos residenciais é inadequada para frequentarem as escolas, que hoje se encontram no centro da cidade ou em outros bairros, a cerca de 3 quilômetros, o que dificulta a participação dos estudantes nas escolas. No último ano a educação municipal e estadual fecharam muitas escolas e redimensionaram outras, causando muitas dificuldades para os filhos dos trabalhadores frequentarem a escola. Percebemos que Cáceres cresce aceleradamente e isso nos leva a analisar que é preciso políticas públicas para o transporte coletivo.

Ainda tem no município o transporte estudantil para os alunos da zona rural que vêm estudar na área urbana, mas para os alunos da área urbana não existe esse serviço. Em uma cidade em que a temperatura chega a 40º C frequentemente, é desmotivador caminhar para chegar à escola. Isso percebemos como uma desigualdade social que precisa ser analisada pelos governantes e instituições envolvidas.

Para Carlos (2012, p. 94), "o espaço como conceito e como prática aponta para o movimento de sua produção/reprodução como momento central da compreensão do mundo moderno". O espaço está em constante modificação. Na reprodução do espaço, em relação à infraestrutura das residências construídas nos bairros mais antigos, observou-se a presença de casas sem sanitários, as ruas sem asfaltos, falta de água e iluminação pública. Esses bairros são os mais antigos, do período da fundação de Cáceres, então é visível a segregação espacial.

Figura 1 – Fotos atuais do Bairro DNER, lateral da Escola Estadual Leopoldo Ambrósio Filho, mostrando as construções

Fonte: acervo pessoal (Bairro DNER)

Santos (1999, p. 18) defende que "[...] o espaço seja definido como um conjunto indissociável de sistemas de objetos e de sistemas de ações", assim como

> [...] uno e múltiplo, por suas diversas parcelas, e através do seu uso, é um conjunto de mercadorias, cujo valor individual é função do valor que a sociedade, em um dado momento, atribui a cada pedaço de matéria, isto é, cada fração da paisagem (Santos, 2006, p. 67).

O que Santos refere é possível perceber na organização do espaço urbano, é possível entender a segregação espacial diante dos financiamentos dos imóveis no programa e nos bairros recentes onde estão construídos os novos residenciais.

Metodologia

Para a realização deste trabalho foram feitas pesquisas bibliográficas; entrevistas com moradores do programa Minha Casa, Minha Vida; entrevista com a população que mora nos bairros em torno dos residenciais recentes, inclusive alguns moradores estudam na escola EEDIEB Professor Milton Marques Curvo. Os dados levantados para a análise sobre o trajeto de chegar à escola foram obtidos com eles e com os filhos que estudam em outras escolas.

Figura 2 – Casas do Residencial Universitário, Cáceres-MT

Fonte: Cáceres News MT (2022)

A partir disso, gostaríamos que futuramente ocorressem melhorias na infraestrutura dos bairros em torno, ou seja, os mais antigos, e a construção de escolas fosse prioridade para os moradores.

Resultados

Quando fazemos esta análise, queremos demonstrar o quanto é preciso um olhar mais construtivo para a população de Cáceres. Apesar de que várias famílias foram contempladas com a construção dos novos residenciais, ainda há muitas coisas a serem feitas para melhoria e condições de vida dos trabalhadores deste município.

Considerações finais

Com este trabalho de pesquisa, esperamos contribuir com outras análises bibliográficas que levam os alunos a refletir sobre as transformações do espaço a partir do crescimento urbano e a infraestrutura adequada para todos.

É necessária a atenção do poder público das esferas federal, estadual e municipal para as necessidades que permeiam a população da nossa cidade. O ponto crítico são a desigualdade social e a segregação, que ainda são enormes na nossa cidade.

Referências

CARLOS, A. F. A. A 'geografia urbana' como disciplina: uma abordagem possível. **Revista do Departamento de Geografia**, Volume Especial 30 anos. p. 92-111, 2012.

CORRÊA, R. L. Sobre agentes sociais, escala e produção: um texto para discussão. *In*: CARLOS, A. F. A.; SOUZA, M. L.; SPOSITO, M. E. B. (org.). **A produção do espaço urbano**: agentes e processos, escalas e desafios. 5.ª reimpr. São Paulo: Contexto, 2017.

SANTOS, M. **A natureza do espaço**: técnica e tempo, razão e emoção. 4. ed. 2. reimpr. São Paulo: Editora da USP, 2006.

9

CONVIVÊNCIA ENTRE ALUNOS NÃO INDÍGENAS E INDÍGENAS EM UMA ESCOLA PÚBLICA DE CÁCERES-MT

Kétila Cebalho Rabelo

Reina Yovana Tomicha Masabi

Eliane Pachuri

Jussara Cebalho

Anastácia da Cruz Moraes Álvares

Introdução

O presente texto surgiu a partir do interesse de três alunas da educação de jovens e adultos (EJA) em saber como é a percepção de alunos não indígenas em relação aos alunos indígenas Xavantes que frequentam a Escola Estadual de Desenvolvimento Integral da Educação Básica Prof. Milton Marques Curvo, em Cáceres-MT. Pensamos que abordar a convivência e a troca de conhecimentos entre diferentes grupos étnicos sempre foi um desafio na sociedade atual. No contexto educacional, isso se reflete na interação entre os alunos não indígenas e os alunos indígenas. De acordo com *Silva et al.* (2022), é visível, nas últimas décadas, a grande procura desses povos pela Educação.

Dentre as diversas culturas indígenas existentes no Brasil, falamos sobre os povos indígenas Xavantes, pela sua presença na escola onde estudamos. Diante disso, surge a necessidade de compreender como os alunos não indígenas percebem nossos colegas Xavantes, a fim de promover uma convivência harmoniosa e uma educação intercultural.

Neste trabalho, buscaremos examinar a percepção dos alunos não indígenas a respeito dos alunos indígenas Xavantes, a partir de pesquisas, relatos e dados que possam fornecer uma visão mais abrangente sobre este tema.

Metodologia

Como metodologia, fizemos revisão bibliográfica e realizamos entrevistas com alunos não indígenas a respeito da sua percepção com relação aos alunos indígenas. As perguntas questionam se conhecem os alunos indígenas e como é o relacionamento com eles; se eles se sentem bem informados sobre a cultura, história e tradições dos povos indígenas; se na escola são abordados temas relacionados à cultura indígena; se já viram casos de preconceito ou discriminação com alunos indígenas e sugestões de ações de sensibilidade cultural entre alunos não indígenas. A partir desses dados, partimos para a análise e a escrita dos resultados e discussão.

Resultados e discussão

Com a análise que fizemos, pudemos perceber dentre os alunos que participaram da pesquisa que os professores da Escola Milton Marques Curvo procuram trabalhar a valorização da diversidade, e resultado disso é que os estudantes não indígenas têm demonstrado uma relação amigável e respeitosa com seus colegas indígenas.

Uma das características marcantes que observamos durante a entrevista é que eles valorizam a perspectiva ambiental que os alunos indígenas trazem para a escola. Essa perspectiva é enriquecedora, pois promove a reflexão sobre a responsabilidade que cada um tem a respeito da natureza e sua relação com ela. Para Pinheiro e Nascimento (2016, p. 73),

> [...] o espaço escolar precisa ser um lugar de encontros possibilitando a valorização das diversas manifestações culturais, possibilitar o intercambio das relações culturais, desenvolvendo um trabalho pedagógico que favoreça a diversidade cultural, que integre as diferentes culturas, contemplando aos múltiplos interesses dos educandos, valorizando seus saberes [...].

Dessa forma, foi perceptível que os alunos não indígenas entrevistados reconhecem a importância de respeitar as diferenças culturais e étnicas. Pelo que foi observado, entendem que a diversidade é uma riqueza que enriquece a experiência de aprendizado de todos. Nesse ambiente inclusivo, os estudantes não indígenas sugerem regularmente a realização de apresentações culturais indígenas e palestras para toda a comunidade escolar.

Essas apresentações e palestras têm um papel fundamental em promover a compreensão mútua entre os alunos e na construção de pontes culturais. Os alunos não indígenas têm a oportunidade de aprender sobre a rica cultura, história e tradições dos povos indígenas do Brasil. Isso não apenas enriquece seu conhecimento, mas também ajuda a dissipar estereótipos e preconceitos.

Outro aspecto importante dessa convivência foram algumas respostas dadas pelos alunos, eles têm a noção de que os indígenas são povos originários, que estavam aqui muito antes da chegada dos portugueses e do processo de colonização. Isso ajuda a criar uma apreciação mais profunda pela herança cultural e histórica dos povos indígenas e pela sua contribuição significativa para a diversidade cultural do Brasil.

Considerações finais

Diante da realização deste trabalho, pudemos perceber a importância de trabalhar a diversidade na escola, pois com a valorização da diversidade cultural e étnica podemos reconhecer que é possível a coexistência harmoniosa de diferentes perspectivas e que enriquece a experiência de aprendizado de todos os alunos.

Referências

SILVA, M. C. da S.; SILVA, M. L. C. da S.; CAMPOS, S. M. de; CEBALHO, J.; CEBALHO, J. Participação e efetividade de alunos indígenas no Ensino Superior. *In*: **I Olimpíada Nacional Científica de Povos Tradicionais, Quilombolas e Indígenas**: a transversalidade da ciência, tecnologia e inovações para o planeta. Cuiabá, 2022.

PINHEIRO, G. A.; NASCIMENTO, R. do. Alunos indígenas no contexto escolar urbano: encontros e desencontros. **Revista de Comunicação Científica**, Juara, MT, v. 1, n. 1, p. 69-83, jul./dez. 2016. Disponível em: https://periodicos.unemat.br/index.php/rcc/article/view/1396/1377. Acesso em: 1 out. 2023

10

A PESCA COMO RENDA DE UMA MULHER, EM CÁCERES-MT

Stefany Aparecida Porto do Nascimento

Marianny Adne da Silva Rodrigues

Jussara Cebalho

Introdução

Na margem esquerda do rio Paraguai, na cidade de Cáceres-MT, no bairro Jardim da Oliveiras, mais conhecido por EMPA, vive uma pescadora cuja vida está ligada às águas que a cercam. Da pesca ela tira seu sustento e preserva as tradições de sua família. A entrevistada conta que começou sua trajetória na pesca com apenas 8 anos de idade, e segue essa cultura desde então, pois a tradição de sua família é formar grandes pescadores e incentivar, cada vez mais, que seus integrantes se dediquem à pescaria. Ela relata os perigos que existem no rio, pois carrega várias experiências que vivenciou ao longo dos anos de sua vida de pescadora.

A entrevistada vê o futuro da pesca no rio Paraguai e suas esperanças são que, com o passar do tempo, possam ser valorizados e reconhecidos como pescadores. Ela busca incentivar para que as pessoas usem a pescaria como uma maneira de vida e de iniciar uma renda e sustento de pessoas que não possuem condições de trabalhar em outros ambientes.

Metodologia

Como metodologia buscamos, a partir dos relatos orais, as tradições familiares e experiências de vida dessa pescadora, a fim de deixar esse registro nos anais da II Olimpíada Nacional e III Mostra Científica de Povos Tradicionais, Quilombolas e Indígenas do Estado de Mato Grosso.

Foram feitas pesquisas em livros e a realização de entrevista com a pescadora, que utiliza o rio Paraguai como meio de sobrevivência. Fizemos as seguintes perguntas: como você começou a pescar no rio Paraguai, aprendeu com alguém? A pesca tem sido sua principal fonte de renda? Quais tipos de peixes você costuma pescar no rio Paraguai e qual é o mais comum na região? Quais são as principais ferramentas que você utiliza para pescar? Como você lida com questões ambientais e conservação ao pescar no rio Paraguai? Quais são os maiores desafios que enfrenta como pescadora nessa região? Como as mudanças climáticas afetaram sua atividade de pesca ao longo dos anos? Houve diminuição de peixes no rio? Você faz parte de alguma cooperativa de pescadores em Cáceres? Se sim, como isso beneficia sua atividade? Como você vê o futuro da pesca no rio Paraguai e quais são suas esperanças e preocupações para as gerações futuras de pescadores?

Com esses questionamentos, obtivemos os dados que seguem nos resultados e discussão.

Resultados e discussão

Aqui contaremos com mais detalhes e daremos visibilidade à trajetória dessa mulher. Pois, de acordo com Rocha (2010), apesar de terem sido conduzidas pesquisas sobre a participação das mulheres no setor pesqueiro, há uma carência significativa de informações sobre a experiência dessas produtoras, e ainda menos compreensão sobre como operam dentro desse setor. A verdadeira dimensão de suas atividades permanece obscura, visto que não são adequadamente refletidas em dados estatísticos oficiais.

Dessa forma, daremos voz à pescadora, ela conta que sempre acompanhava seus pais e começou sua trajetória na pesca com seus 8 anos de idade. Desde pequena foi incentivada por sua família a seguir essa experiência de vida que é fazer parte da pesca em nossa cidade, dela seus pais tiravam seu sustento e a consideravam também como um esporte, pois, ao trabalharem, também se divertiam.

Com o passar do tempo, a pescadora continuou com essa tradição, que foi repassada por seus antepassados, pois ela utiliza-se da pesca como seu sustento familiar e também a considera um esporte.

A mesma relata que durante todos esses anos vivenciou várias experiências de vida, como uma vez em que, em um dia normal, durante sua pesca, fisgou uma cobra sucuri. Ela descreve que estava pescando e sentiu algo pesado puxando o anzol; para sua surpresa, era uma sucuri de tamanho mediano que estava enrolada nele.

A pescadora possui outras diversas histórias e experiências de vida, como também o dia em que pescou seu maior peixe, uma cachara. Quando criança, ela pescava muitos piavuçus, e sempre pedia a ajuda de sua mãe para pegar o peixe quando o sentia muito pesado. Sua melhor técnica era colocar a linha sobre sua perna, pois assim, quando o peixe fisgasse sua isca, ela sentiria e estaria atenta para puxá-lo.

Em algumas épocas de piracema, passa por momentos difíceis, ela relata que já houve casos de faltar comida em sua mesa, e ir ao rio para poder pescar e depois sair para vender os peixes, para poder comprar seus mantimentos, para suprir suas necessidades. Além disso, ela vê com preocupação a Cota Zero, que é um projeto de lei que proíbe por cinco anos a comercialização, o transporte e armazenamento de peixes dos rios de todo o estado de Mato Grosso.

Ela fala que já cumpre as exigências em suas pescas, como tamanho dos peixes, algumas vezes devolve todo o seu pescado que não possui o tamanho certo, ela diz que a pacupeva precisa ter no mínimo 20 cm; a jiripoca ter no mínimo 20 cm e 3 quilos. Ela também possui algumas preferências para iscas, utiliza saiuro (peixe de porte pequeno) para pescar pacus e jiripocas, às vezes o milho e a mandioca assada são usados como isca também. A pescadora diz que muitas vezes a própria natureza proporciona as iscas, por meio das árvores frutíferas, demonstrando a importância de não desmatar as margens dos rios.

O que vemos ultimamente é que as margens do rio Paraguai já não têm muitas árvores, como podemos observar na Figura 1. Sobre isso, Prost (2009) diz que a sociedade historicamente considerou que a natureza estava à disposição dos interesses humanos, sendo tratada como algo distinto e sujeito ao domínio humano. Esse domínio foi alcançado por meio do desenvolvimento de técnicas e avanços científicos, permitindo que o homem se tornasse o controlador da natureza. Dessa perspectiva, a natureza foi frequentemente encarada como um conjunto de recursos naturais a serem explorados em algum momento futuro.

Figura 1 – Rio Paraguai em Cáceres-MT

Fonte: as autoras (2023)

A partir da sua fala, percebemos que ela defende a preservação da natureza e que depende dela para sobreviver. Nos dias atuais, ela vive sua rotina na pesca, e é com a pesca que ela se mantém, é de lá que ela tira seu sustento e também é no rio que ela gosta de estar, porque desde pequena ela se identifica com a vida que leva. Ela se sente feliz em enxergar que seus saudosos pais criaram uma pescadora de verdade e que ela pôde continuar com essa tradição que eles iniciaram.

Considerações finais

O desenvolvimento deste trabalho foi muito importante para relatar sobre a história de uma pescadora de um bairro periférico de cidade de Cáceres-MT, que utiliza da pesca para garantir seu sustento e de sua família, e retratar um pouco sobre suas experiências de vida, de suas histórias e de toda a cultura da pesca. E relatar em forma de texto, para a II Olimpíada Nacional e III Mostra Científica de Povos Tradicionais, Quilombolas e Indígenas do Estado de Mato Grosso, garantirá o registro na história das riquezas do nosso rio Paraguai e da cultura da nossa cidade.

Referências

PROST, C. "O falso consenso sobre a defesa de meio ambiente". *In*: MENDONÇA, F. de A. *et al.* (org.). **Espaço e tempo**: complexidade e desafios do pensar e do fazer geográfico. Curitiba: Ademadan, 2009.

ROCHA, M. da S. P. **Mulheres, manguezais e a pesca no estuário do Rio Mamanguape, Paraíba**. 121f. 2010. Dissertação (Mestrado em Desenvolvimento e Meio Ambiente) – Universidade Federal da Paraíba, João Pessoa, 2010.

A FUNÇÃO SOCIOECONÔMICA E CULTURAL DA PRAÇA BARÃO DO RIO BRANCO PARA A POPULAÇÃO DA CIDADE DE CÁCERES-MT

Natália Oliveira Rodrigues

Tamires Bispo do Nascimento

João Victor Soares Paesano

Anastácia da Cruz Moraes Álvares

João Guilherme Álvares Gil

Introdução

O presente trabalho parte da análise de observação geográfica da dinâmica espacial, destacando a transformação do espaço, principalmente a categoria da paisagem e lugar, para a participação na II Olimpíada Nacional e III Mostra Científica de Povos Tradicionais, Quilombolas e Indígenas de Mato Grosso. Esse evento incentivou a produção deste trabalho em colaboração com as professoras Anastacia da Cruz Moraes Alvares e Jussara Cebalho, que ministram aulas na escola EEDIEB Professor Milton Marques Curvo, localizada no perímetro urbano da cidade de Cáceres – MT.

O trabalho foi desenvolvido a partir de análises da paisagem que se transforma ao longo do tempo na Praça Barão do Rio Branco, desde a sua fundação, explorando como a arquitetura histórica tombada se adapta à modernidade.

O relato dos alunos está relacionado com a praça Barão do Rio Branco, que integra os elementos da sociedade cacerense, entre outros, e passa a ser o lugar de encontros, frequências e articulações entre as classes sociais, voltado ao lazer, convivência da população, lazer esportivo, recreação infantil e lazer cultural.

Santos (1999, p. 18) defende que "[...] o espaço seja definido como um conjunto indissociável de sistemas de objetos e de sistemas de ações", assim como "uno e múltiplo, por suas diversas parcelas, e através do seu uso, é um conjunto de mercadorias, cujo valor individual é função do valor que a sociedade, em um dado momento, atribui a cada pedaço de matéria, isto é, cada fração da paisagem" (Santos, 2006, p. 67).

Entende-se que o município tem o dever perante a Constituição de garantir o direito ao espaço público, controlando as atividades empresariais que atentem contra esse direito fundamental do cidadão, uma vez que para o seu funcionamento depende de autorização municipal. A praça Barão do Rio Branco tem esse nome, José Maria da Silva Paranhos do Rio Branco, ou apenas Rio Branco. Recebeu o título de Barão do Rio Branco em 1888 e, após a Proclamação da República, passou a assinar José Maria da Silva Paranhos do Rio Branco ou apenas Rio Branco. Tornou-se conhecido popularmente como o Barão, tanto em vida quanto postumamente. Foi Ministro das Relações Exteriores do Brasil de 1902 a 1912. Passou para a história brasileira por ter resolvido importantes questões de fronteiras com a Argentina, França e Bolívia.

Para Carlos (2012, p. 94), "o espaço como conceito e como prática aponta para o movimento de sua produção/reprodução como momento central da compreensão do mundo moderno".

Figura 1 – Praça Barão do Rio Branco, antiga

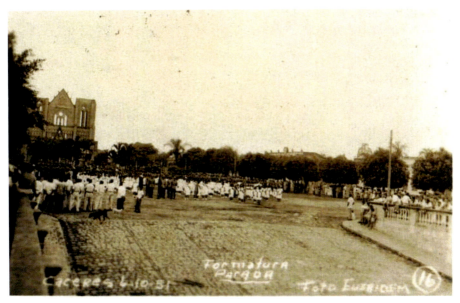

Fonte: Instante Eterno: Cáceres, MT (2011)

Então a História está presente em nossos relatos. O nome da praça demonstra o pensamento colonial, que está enraizado na mente das pessoas, não vemos, por exemplo, praças em Cáceres com os nomes de quem realmente ajudou a construir a cidade. A praça Barão do Rio Branco apresenta belezas, memórias, constituindo a alma da cidade de Cáceres. Nela encontram-se o marco referencial do Jauru, projetos paisagísticos que estimulam o convívio, calçadões onde estão construídos lanchonetes, choperias, restaurantes que são frequentados por pessoas de poder aquisitivo elevado, o que mostra outro lado da sociedade.

Figura 2 – Praça Barão do Rio Branco, atualmente

Fonte: acervo pessoal

Em contrapartida existem os vendedores ambulantes como pipoqueiros, lanches, picolezeiros, algodão-doce, entre outros. Essa modificação da paisagem é contemplada no período noturno, durante o dia a praça fica mais com o trajeto das pessoas com afazeres e prestação de serviço. As praças, além de constituírem um espaço não construído na área urbana, carregam diversas funções e benefícios ao bem-estar social. Próximo à praça está localizada a Catedral São Luiz, que traz a beleza arquitetônica do século XIX, templo religioso que caracteriza o domínio da religião católica no período colonial. Próximo à praça está o rio Paraguai, além da paisagem cultural, contempla a paisagem natural que atrai vários turistas, no período da noite a fauna e a flora representam a nossa ecologia.

Considerações finais

Durante o desenvolvimento deste trabalho, fizemos a busca de registros como fotos antigas que apresentam como era a praça Barão antes e como ela se encontra atualmente. A paisagem mudou, a área em seu entorno ganhou **vários comércios**, como restaurantes e bares, nas comparações avançamos na percepção de que existem vários ambulantes como pipoqueiros, vendedores de doces, cachorro-quente, algodão-doce, que trazem contribuições com as pessoas que participam das diversões na praça.

Fizemos entrevistas com pessoas que frequentam a praça Barão do Rio Branco. A conclusão do nosso trabalho servirá de base para pesquisas bibliográficas e contribuirá com dinâmica para compreender a modificação da paisagem, a transformação do espaço geográfico e a urbanização acelerada na cidade de Cáceres. Esperamos que este trabalho contribua com a sociedade cacerense em observar o desenvolvimento socioespacial e cultural do lugar estudado.

Referências

CARLOS, A. F. A. A 'geografia urbana' como disciplina: uma abordagem possível. **Revista do Departamento de Geografia**, Volume Especial 30 anos. p. 92-111, 2012.

SANTOS, M. **A natureza do espaço**: técnica e tempo, razão e emoção. 4. ed. 2. reimpr. São Paulo: Editora da USP, 2006.

DORATIOTO, F. F. M. A política platina do Barão do Rio Branco. **Primeira Instância: Rev. bras. polít. int.**, v. 43, n. 2, p. 130-149, jul. 2000. DOI: https://doi.org/10.1590/S0034-73292000000200006.

12

POPULAÇÃO RIBEIRINHA E MEIO AMBIENTE

Yara Oliveira Almeida

Maria Eduarda Baicere de Almeida

Larissa Carla Pinheiro da Silva

Jussara Cebalho

Introdução

De acordo com Pereira (2007), o surgimento da população ribeirinha aconteceu no final do século XIX, na região Norte do Brasil. Os primeiros habitantes eram caboclos que foram buscando terras e ocupando a região das matas ao longo do curso dos rios. Desse modo, foram surgindo as chamadas comunidades ribeirinhas. Essas comunidades, ao longo do tempo, desenvolveram uma profunda conexão com a natureza. Suas vidas estão intrinsecamente ligadas aos rios e florestas. No entanto, as ameaças ambientais e as condições precárias de vida requerem ação imediata.

Pode-se encontrar povos ribeirinhos em diversas partes do Brasil, principalmente na Amazônia – em maior quantidade –, e também no Pantanal.

As comunidades ribeirinhas vivem às margens dos rios e, com isso, enfrentam dificuldades como a falta de tratamento do esgoto, insalubridade da água e doenças. Além disso, o assoreamento dos rios dificulta o transporte e o trabalho com a pesca. Nesse sentido, vemos que é de extrema relevância a preservação ambiental.

Pesquisas e entrevistas feitas com pessoas que vivem à beira do rio Paraguai retratam suas histórias, como era a pesca antigamente, as mudanças que aconteceram no rio e de que modo isso influencia na atividade pesqueira hoje em dia. É fundamental que sejam implementadas políticas e iniciativas que promovam o desenvolvimento sustentável dessas comunidades, garantindo ao mesmo tempo a proteção dos ecossistemas fluviais. Isso envolve a educação ambiental, a promoção de práticas de pesca sustentável, o acesso a serviços básicos e a valorização das tradições culturais locais.

Em resumo, as comunidades ribeirinhas desempenham um papel vital na conservação dos rios e florestas do Brasil, e é nossa responsabilidade coletiva apoiar sua subsistência e preservar o rico patrimônio cultural que elas representam. De conformidade com as palavras de Keliton Medeiros de Oliveira (2023, por meio de entrevistas), *"Através de esforços conjuntos, podemos assegurar um futuro sustentável para as comunidades ribeirinhas e a preservação dos preciosos rios e florestas do Brasil"*.

Metodologia

Esta pesquisa teve como objetivo analisar e compartilhar um pouco do dia a dia dos ribeirinhos, provocando uma abordagem metodológica híbrida no trabalho, fazendo com que as entrevistas não fossem feitas apenas com ribeirinhos mas também com pescadores e indivíduos que interagem ou se integram às comunidades ribeirinhas.

Resultados e discussão

Os resultados obtidos por meio desta experiência científica sobre os ribeirinhos revelam seu modo de vida, marcado por desafios ambientais, falta de saneamento básico, acesso precário à saúde, dificuldades de transporte e educação, além das mudanças ocorridas nos rios. A análise revelou que é de extrema importância a criação de novos projetos legislativos, com o intuito de melhores condições de vida para a população ribeirinha.

Considerações finais

Podemos concluir que, ao longo do tempo, o rio passou por significativas transformações, abrangendo desde as mudanças naturais até as intervenções humanas, houve grandes benefícios em questões de transformar a pesca em um esporte bastante popular, e todos devemos preservar o meio ambiente para que essa tradição passe de geração em geração e nunca morra essa cultura tão popular.

O trabalho dos ribeirinhos é fundamental para a sustentabilidade de ecossistemas aquáticos e a subsistência de comunidades locais. Eles desempenham um papel crucial na preservação dos recursos naturais e na promoção da biodiversidade, adaptando-se a condições desafiadoras. A valorização e apoio a essas comunidades são essenciais para garantir a proteção de nossos rios e lagos.

Referências

PEREIRA, H. dos S. A Dinâmica da Paisagem Socioambiental das Várzeas do rio Solimões-Amazonas. *In:* PEREIRA, H. dos S.; WITKOSKI, A. C. (org.). **Comunidades ribeirinhas amazônicas**: modos de vida e uso dos recursos naturais. Manaus: EDUA, 2007.

O CULTO A SÃO COSME E DAMIÃO EM CÁCERES-MT

Antoniely Yasmin Souza Silva

Jussara Cebalho

Introdução

O Brasil é reconhecido por ter uma forte ligação com os feriados cristãos, mas o Dia de São Cosme e Damião se provou, ao longo da história, uma data inclusiva para todos os povos e religiões. Os portugueses trouxeram essa devoção para as nossas terras, mas os negros escravizados sincretizaram os santos aos seus orixás.

Nas falas de Araújo (2010), a devoção inicialmente introduzida pelos portugueses, que se disseminou primeiro ao longo da costa brasileira e mais tarde penetrou no interior devido à atividade de garimpo, desempenhou um papel significativo. No garimpo, os afrodescendentes desempenhavam um papel crucial como força de trabalho, embora tenham sido submetidos a um tratamento desumano e considerados como propriedades. Como uma forma de resistência cultural, eles foram compelidos a fundir seus próprios orixás com os santos católicos impostos a eles.

Dessa forma, a figura de Cosme e Damião também influenciou a cultura afro-brasileira. São temas de músicas, danças e manifestações artísticas que celebram sua bondade, proteção e alegria. Sua presença na religião afro-brasileira e na cultura popular fortalece a identidade e a conexão com as raízes africanas, transmitindo valores de solidariedade, cuidado e respeito às crianças e a família.

As festividades também têm um caráter social importante, pois muitas vezes são realizadas ações beneficentes, como a distribuição de alimentos, roupas para comunidades carentes, reforçando o aspecto da generosidade e caridade presentes na devoção aos santos. É uma ocasião de alegria, gratidão e compartilhamento, destacando a importância da generosidade e da proteção divina na vida das pessoas.

Muito se discute sobre marcos de celebrações populares, como festa junina, carnaval. Muitas crianças tiveram sua infância acompanhada pela celebração de Cosme e Damião, muitas vezes por influência de seus familiares, e essas influências desempenham um papel fundamental na preservação das tradições culturais e religiosas, além de promoverem a união e o fortalecimento dos laços entre os membros da família.

E assim sempre mantendo a tradição, e contribuindo para que passe de geração a geração, para nunca deixar ocorrer o enfraquecimento dessa rica cultura que se faz presente em nosso meio.

Metodologia

A metodologia para estudar Cosme e Damião envolve pesquisar em relatos históricos, pesquisas bibliográficas em livros e artigos, análises de documentos históricos e religiosos, além de investigar por meio de relatos orais de uma mulher cacerense, que mantém as tradições populares, festas e cultos dedicado a eles.

Resultados e discussão

A devoção a São Cosme e Damião é um tema de grande relevância em Cáceres-MT, a temática gira em torno dos dois santos da umbanda que são celebrados anualmente no dia 27 de setembro. A celebração de Cosme e Damião é um evento vibrante e acarinhado que reúne a comunidade de Cáceres-MT, destacando a importância histórica e cultural desses santos, e honrando cada vez mais o seu legado como curandeiros, que trazem bênçãos a todos que participam das celebrações.

No presente momento, há um número bem inferior em comparação ao passado, na prática, evidentemente, alegra a criançada, além disso, causa o olhar preconceituoso e negativo de algumas pessoas, é a notória intolerância religiosa, que está se expandindo quase que na mesma proporção que os saquinhos de doces estão diminuindo.

De acordo com os relatos de uma mulher que celebra o dia de Cosme e Damião, as festividades começam com uma tradicional cerimônia religiosa, os devotos muitas vezes oferecem orações e fazem votos aos santos, buscando sua intercessão para cura, proteção ou quaisquer petições pessoais. Durante a festa acontece a distribuição de doces, brinquedos e também tem brincadeiras, para proporcionar ainda mais entretenimento às crianças, dessa maneira, é possível expressar gratidão pelas graças alcançadas. Na Figura 1, podemos observar os doces que foram distribuídos para as crianças, no dia 27 de setembro de 2023.

Figura 1 – Doces para distribuição em nome de São Cosme e Damião

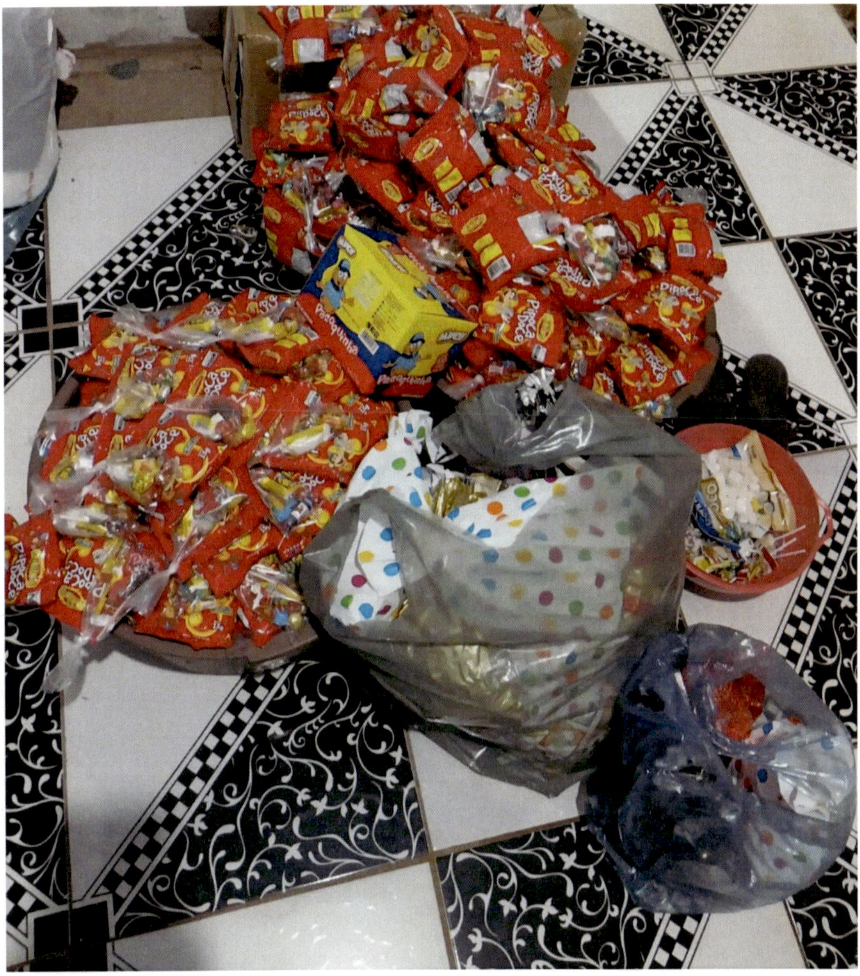

Fonte: as autoras (2023)

Ainda de acordo com a entrevista, durante a festividades, a parte mais conhecida é a tradicional distribuição de doces, porém muitas crianças de famílias evangélicas não podem participar da festa ou sequer comer desses doces oferecidos, porque existe uma visão de que os doces possuem más energias e são batizados em rituais de "macumba". Gomes (2009) associa essa intolerância principalmente às igrejas evangélicas pentecostais.

Buscamos pesquisar sobre o tema também na internet, onde encontramos a fala de mãe Baiana, ela diz que "algumas pessoas começam a dizer que o saquinho de doces é oferecido ao diabo, e que é rezado. Não tem nada disso. A gente vai ao mercado, coloca no saquinho e entrega para as crianças para ver a alegria delas" (Trecho retirado da entrevista ao *G1*).

Assim, a distribuição dos doces é sinal de alegria, porém, como uma manifestação popular que tem ligação com as religiões de matriz africana, como a Umbanda e o Candomblé, a tradição de Cosme e Damião ainda é marginalizada por parte de alguns setores da sociedade.

Há outro fator que pode ser atribuído ao enfraquecimento da tradição, como a perda gradual do sentimento de tradição. E quando o desejo de distribuir doces não é passado de geração em geração, a ação perde sentido na linguagem da família.

Segundo a entrevistada, além da entrega de doces como uma forma de agradecimento aos santos, há as simpatias. Algumas delas incluem pedir a ajuda dos santos para arrumar uma casa e protegê-la, acalmar crianças agitadas e atrair dinheiro durante todo o ano. É importante seguir as instruções específicas de cada simpatia e agradecer aos santos pela sua intercessão.

As simpatias contêm orações, e um exemplo de oração é: "Que vossa inocência e simplicidade acompanhe e protejam todas as nossas crianças. Que a alegria da consciência tranquila, que sempre vos acompanhou, repouse também em meu coração. Que a vossa proteção, Cosme e Damião, conserve meu coração simples e sincero, para que sirvam também para mim as palavras de Jesus 'deixai vir a mim os pequeninos, porque deles é o Reino dos céus'. São Cosme e Damião, rogai por nós."

Considerações finais

Destacar a relevância da diversidade cultural que se faz presente em nosso meio populacional é destacar Cosme e Damião, é buscar ter mais conhecimento sobre essa rica cultura e mostrar a força desta tradição. Sua devoção continua a ser uma parte significativa da cultura popular, especialmente no Brasil, vindo a ser uma expressão de fé e amor ao próximo. E uma forma de valorizar esta tradição é destacá-la em forma de texto para a II Olimpíada Nacional e III Mostra Científica de Povos Tradicionais, Quilombolas e Indígenas de Mato Grosso.

Referências

ARAÚJO, M. de A. de. **O culto a "São Cosme e Damião" na Bahia.** Disponível em: http://www.frb.br/ciente/2006_2/psi/psi.araujo.f1__rev._vanessa_12.12.06_.pdf. Acesso em: 28 set. 2023.

DIA DE COSME E DAMIÃO: descubra por que ganhamos doces neste dia. Disponível em: https://www.cashme.com.br/blog/dia-de-cosme-e-damiao/. Acesso em: 27 set. 2023.

GOMES, E. de C. "Doce de Cosme e Damião: dar, receber, ou não?" *In*: GOMES, E. de C. **Dinâmicas contemporâneas do fenômeno religioso na sociedade brasileira**. São Paulo: Ideias e Letras, 2009.

PULJIZ, M. **Dia de Cosme e Damião**: tradição e devoção persistem em meio às dificuldades. Disponível em: https://g1.globo.com/df/distrito-federal/noticia/2021/09/26/dia-de-cosme-e-damiao-tradicao-e-devocao-persistem-em-meio-as-dificuldades.ghtml. Acesso em: 27 set. 2023.

14

ANÁLISE SOBRE A LITERATURA E ROMANTISMO BRASILEIRO

Taiza Talia Ucieda Arroyo

Gabriel de Campos Leite

Jussara Cebalho

Sonia Maria de Campos

Introdução

Este trabalho foi sendo desenvolvido, para melhor orientação e caracterização de como surgiu e o que é a literatura brasileira e o romantismo brasileiro. Surgiu em nosso país e está presente em conteúdos de Enem e vestibulares no Brasil. A motivação para desenvolver este tema é o amor pela Literatura, que surgiu quando nos foi apresentada por uma professora em sala de aula, e também quando a professora Lisanil falou sobre as redações nota 1000 do Enem de 2022 e que esse tema havia sido abordado. Achamos importante repassar de forma simples e objetiva o que entendemos sobre o referido assunto.

Santos (2018) diz que o Movimento Romântico foi o Primeiro Movimento Literário Independente do Brasil, embora não tenha sido a Primeira Corrente Literária do país, como a maioria dos Românticos tanto se esforçou para provar.

Podemos dizer que a literatura brasileira chegou ao Brasil junto dos portugueses no ano de 1500. A produção literária começou quando os portugueses escreveram sobre as suas impressões da terra encontrada e dos povos que viviam no Brasil, sendo os diários documentos históricos, anotações que representaram as primeiras manifestações escritas no Brasil. A literatura brasileira foi dividida em Era Colonial e a Era Nacional.

Metodologia

O trabalho foi desenvolvido a partir de pesquisas bibliográficas em livros, em sites da internet que abordam a Literatura Brasileira. Como em *História Concisa da Literatura Brasileira*, de Alfredo Bosi, e *História da Literatura Brasileira V. I: das origens do Romantismo*, de Massaud Moisés.

Resultados e discussão

De acordo com as bibliografias pesquisadas, a era colonial começa em 1500 e vai até 1808, e é dividida em quinhentismo, seiscentismo ou barroco e setecentismo ou Arcadismo.

O quinhentismo é o período literário que abrange todas as manifestações literárias produzidas no Brasil à época dos seus descobrimentos durante o século XVI. O quinhentismo representa a primeira manifestação literária, que ficou conhecida como literatura de informação.

O Barroco foi o estilo artístico dominante durante a maior parte do período colonial, que refletia a atenção entre humanismo e a religiosidade católica. O Barroco foi introduzido no Brasil por missionários, especialmente jesuítas que buscavam catequizar e aculturar os indígenas. Suas principais características são o fusionismo, uma tendência de combinar elementos contrastantes e criar uma fusão de opostos, que é um aspecto marcante da estética barroca, o contraste, o cultismo e o conceptismo.

O Arcadismo brasileiro foi um movimento que ocorreu no século XVII, ele defendia uma poesia mais simples, de imitação da natureza, que se opunha ao Barroco, estética que lhe é anterior. O Arcadismo foi um movimento literário posterior ao Barroco e anterior ao Romantismo. A era nacional da literatura brasileira começa em 1836 e dura até os dias atuais. Nesse período o nacionalismo é uma forte característica notória na literatura romântica e moderna.

Já o Romantismo é o movimento artístico que representa burguesia do século XVIII e XIX, o movimento é o de reprodução da nova elite da sociedade, que havia superado os regimes absolutistas em diversos países. As ideias dessa burguesia presentes nas obras românticas são: egocentrismo, nacionalismo, exaltação da natureza, idealização do herói, fuga da realidade por meio da morte, dos sonhos, da loucura ou da arte.

A partir do Romantismo foi possível publicar jornais e livros no Brasil, tornando a produção cultural mais barata e mais viável. Uma das principais formas de publicação utilizadas na época era o folhetim, uma técnica de escrita e divulgação de textos literários por meio dos jornais. O principal prosador do Romantismo brasileiro foi José de Alencar, sua obra contém romances indígenas (*Iracema* e *O Guarani*), prosas urbanas (tais como *Senhora*) e narrativas rurais (o romance *Til* é um exemplo).

AUTORES E OBRAS

GONÇALVES DIAS

Segundos Cantos (1848)

Últimos Cantos (1851)

Os Timbiras (1857)

Cantos (1857)

ÁLVARES DE AZEVEDO

Lira dos Vinte Anos (1853)

Noite na Taverna (1855)

CASIMIRO DE ABREU

Primaveras (1859)

CASTRO ALVEZ

Espumas Flutuantes (1870)

A Cachoeira de Paulo Afonso (1876)

Os Escravos (1883)

JOSÉ DE ALENCAR

O Guarani (1857)

Iracema (1865)

Til (1871)

Senhora (1875)

Na história de Iracema, de José de Alencar, ela era uma jovem indígena conhecida como "a virgem dos lábios de mel" e o homem por quem se apaixonou um europeu chamado Martin Soares Moreno. No final do enredo Iracema e Soares concebem um filho, chamado de Moacir, porém Martin tem que se ausentar para lutar. Iracema, fraca e debilitada, morre após a chegada de Martin, dando tempo apenas de lhe entregar a criança; o corpo de sua amada foi enterrado aos pés de um coqueiro. Ele, desolado, pega seu filho nos braços e chora a morte de Iracema, contudo no fundo sabia que em seus braços havia uma prova viva de seu amor.

Segundo Santos (2018), o indianismo não era um conceito romântico recém-inventado; já estava presente na poesia de Santa Rita Durão e Vasco da Gama. Além disso, era costume usar o índio como símbolo nacional em festas e eventos patrióticos porque nada era mais apropriado, alinhando-se com a figura do autóctone, representante da nação que sofreu sob o jugo do colonizador.

Portanto, este trabalho foi desenvolvido como uma forma de caracterizar como surgiu e o que é a literatura brasileira e o Romantismo brasileiro.

Considerações finais

Ao fazermos este trabalho, chegamos ao resultado de que a Literatura está interligada ao Romantismo de um modo como se fossem mãe e filho, pois a primeira é uma arte, que é responsável por grandes mudanças no Brasil, e o segundo é um exemplo literário, que ocorreu no país e produziu teatro, prosa e poesia. E hoje em dia o Romantismo ainda está no auge de seu espetáculo, com seus filmes, livros e teatros românticos e um dos conteúdos que mais caem no Enem e no vestibular, segundo os sites Vestibulares, Brasil Escola e Educa Mais Brasil.

Figura 1 – Livro *Iracema*, de José de Alencar

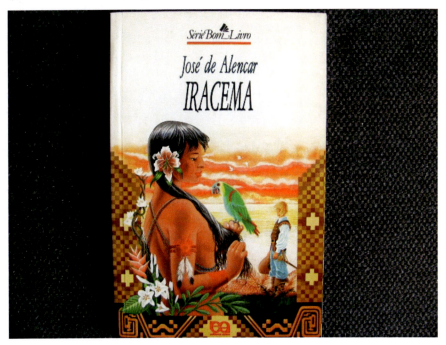

Fonte: imagem da internet

Abrangendo a história e diferentes áreas da literatura, o trabalho procura mostrar as características do Romantismo e como ele contribui como base para os estudos de Enem e vestibular.

Referências

ALENCAR, J. de. **Iracema**. Disponível em: https://www.mundovestibular.com.br/blog/iracema-jose-de-alencar-resumos. Acesso em: 26 jun. 2023.

SANTOS, R. R. dos S. A criação do Brasil através do romantismo. **Revista Sapiência:** Sociedade, Saberes e Práticas Educacionais, [s. l.], v. 7, n. 1, 2018.

15

FESTA DE SÃO GONÇALO EM CÁCERES-MT

Retyely da Silva Soares

Jussara Cebalho

Introdução

O presente trabalho é resultado das memórias, desde criança, a respeito da Festa de São Gonçalo, que é uma tradição de família, realizada na cidade de Cáceres-MT.

Durante as aulas de Ciências Humanas, falamos muito sobre cultura e então surgiu o interesse em escrever este trabalho para participar da II Olimpíada Nacional e III Mostra Científica de Povos Tradicionais, Quilombolas e Indígenas do Estado de Mato Grosso.

Ao falar sobre cultura, lembrei da festa em homenagem a São Gonçalo, que é realizada pela minha família, e que as festas de santo podem ser consideradas uma cultura imaterial. Conforme Cruz, Menezes e Pinto (2018), considera-se cultura imaterial as manifestações culturais populares, lendas, festejos tradicionais, rituais, costumes, crenças que uma sociedade pratica.

Essas festas de santos que existem em Cáceres são realizadas por diversas famílias cacerenses. Na minha família, tudo começou há muito tempo, entre meus bisavós e isso foi passando de geração para geração. Meus bisavós morreram e minha avó e meu avô continuaram a tradição, com o objetivo de não morrer a lembrança dos pais dele. Hoje meus avós também não estão mais entre nós, mas a família continua com esse costume.

Então, todos os anos reúnem a família, os amigos e devotos do santo, para manter a tradição em homenagem a São Gonçalo, que é feita no dia 16 de julho.

Metodologia

Como metodologia, buscamos nas memórias de família como se iniciou a tradição de realizar a festa de São Gonçalo, além das leituras e das pesquisas em livros na biblioteca, orientadas pela professora.

Resultados e discussão

Aqui apresentaremos um pouco de como a família Soares realiza a festa de São Gonçalo em Cáceres-MT. No dia 16 de julho, de todos os anos, minha avó e minhas tias preparam bolos, salgados, biscoitos de nata, fazem licor e compram os refrigerantes.

Sobre isso, Carvalho (2007) afirma que alguns traços se perdem, outros se adicionam, com o passar do tempo, a velocidade irá variar, de acordo com a sociedade, isso porque a cultura não é estática, tampouco as manifestações culturais.

Hoje nas festas de santo aparecem personagens diferentes das antigas, em que eram servidos licores e aloá, hoje se faz presente o refrigerante e a cerveja. Tudo é montado na sala, com uma mesa toda decorada para os comes e bebes. No altar dos santos, ficam as imagens de São Gonçalo, São Jorge, de Nossa Senhora Aparecida e as velas ficam ao redor. Ao meu avô cabia anunciar a festa e convidar o pessoal do siriri e cururu para tocar e dançar.

Para a reza, reúnem a família, amigos e devotos de São Gonçalo, rezamos o Pai-Nosso, Ave-Maria, ladainha. Para Cruz, Menezes e Pinto (2008), as relações humanas são ativadas com as festas e comemorações populares, pois há a interação com o outro e podem ser recriadas ou reinventadas relações coletivas que podem incorporar uma diversidade cultural. Além disso, lembramos dos nossos entes queridos que não estão mais entre nós.

Quando termina a reza abrimos uma roda para dançar em louvor ao santo. Além disso, é servido o almoço, os homens matam o porco, a vaca, é servido churrasco, sarapatel e chouriço.

Eu não entendia nada sobre isso, o porquê de acontecer todos os anos, mas, com o passar do tempo, comecei a entender e a participar da dança de São Gonçalo, com apenas 5 anos de idade. Fazemos todos os anos, é uma gratidão e realização para a família, por manter essa tradição.

Participo desde pequena e gosto muito, sou apaixonada por tudo isso, hoje, infelizmente, meus avós não estão mais presentes, mas a família leva essa tradição adiante e vai prosseguir de geração em geração. Eu não participo da festa há seis anos, por problemas pessoais, mas espero que no próximo ano volte a ajudar na organização e a participar.

Quem já participou de uma festa de santo, sabe como é muito divertido e gratificante. Os que ainda não participaram, não sabem o que estão perdendo, tenho certeza de que não irão se arrepender.

Para quem nunca participou de uma festa de São Gonçalo, vou relatar aqui como é feito pela minha família. A festa começa com a reza, geralmente às 18 horas, e lá pelas 20 horas, abre-se uma roda, todos com uma vela acesa nas mãos dançam ao redor do mastro, ao som do cururu e siriri. Há uma crença de que todos devem dançar para São Gonçalo, porque se não dançar, ficam com dor nas pernas, portanto, se forem, não fiquem parados, dancem.

Quando dá meia-noite, faz-se uma fila, indo em direção ao mastro, que tem uma bandeira com o santo, devemos dar um beijo e fazer o pedido. Feito isso, por todos os presentes, a banda de cururu e siriri continua cantando "é hora de subir o mastro", o que precisa de duas ou três pessoas, pois ele é muito pesado.

Depois da subida do mastro, começa o bailão, uns dançando e festejando, outros se fartando nas comidas típicas das festas de santo. No dia seguinte, 17 de julho, às 5 horas da manhã, servem-se os biscoitos de polvilho, bolinhos de queijo, biscoitos de nata, chá, café, leite. Alguns já estão na festa desde a noite anterior e outros acordam cedo somente para saborear essas delícias da nossa cultura regional.

Às 9 horas da manhã, começa o preparo do almoço, que normalmente é arroz, mandioca e churrasco, e tudo fica pronto até 11 horas, horário em que é servido a todos os presentes. Depois do almoço, o bailão continua até as 6 horas da tarde.

Dado esse horário, é o momento de fazer uma grande roda em volta do mastro, rezar e dançar o cururu e o siriri. Terminando esse rito, descem o mastro, encerra-se a festa de santo e o bailão segue até o amanhecer, com muita comida e bebida.

Considerações finais

Falar sobre a festa de São Gonçalo é remeter à história da minha família, é retratar um pouco também da nossa cultura regional imaterial, das comidas, das danças como o cururu e o siriri. E relatá-la em forma de texto, para a II Olimpíada Nacional e III Mostra Científica de Povos Tradicionais, Quilombolas e Indígenas do Estado de Mato Grosso, é deixar registrado na história essa riqueza cultural da nossa cidade.

Referências

CARVALHO, S. V. C. B. R. "Manifestações Culturais". *In*: GADINI, S. L.; WOLTOWICZ, K. J. (org.). **Noções básicas de folkcomunicação**. Ponta Grossa, PR: UEPG, 2007. p. 64-66.

CRUZ, M. S. R.; MENEZES, J. S.; PINTO, O. Festas Culturais: Tradição, Comidas e Celebrações. *In*: ENCONTRO BAIANO DE CULTURA – EBECULT, 1., Salvador, Bahia, 11 de dezembro de 2008.

FREIRE, P. **A importância do ato de ler**: em três artigos que se completam. 35. ed. São Paulo: Cortez, 1997.

MARTINS, M. H. **O que é leitura**. 16. ed. São Paulo: Brasiliense, 1999.

16

FESTA PARA NOSSA SENHORA APARECIDA EM CÁCERES-MT

Tamires da Silva Santos

Jussara Cebalho

Introdução

Neste trabalho, vamos apresentar a festa que é realizada em homenagem à Nossa Senhora Aparecida. O conteúdo é resultado de uma entrevista realizada com Dona Paulina, que mora no mesmo bairro que eu e faz a festa em sua residência.

Dona Paulina, assim a chamamos, faz a festa por causa da tradição de seu pai, que vem de muito tempo, ainda quando ela era uma bebê. Ela é responsável pela festa, desde que o pai morreu, e isso já faz 68 anos, e toda sua família participa dela. Costa (2011) fala que uma festa popular de cunho religioso também tem um sentido voltado para a diversão pública, longe da seriedade ritualística.

Portanto, além da família, há muitas pessoas que sempre participam, porque são devotos; e por ser uma festa de tradição e ser aberta ao público, muito participam para se divertir. Sobre isso, Costa (2011) fala que uma festa popular de cunho religioso também tem um sentido voltado para a diversão pública, longe da seriedade ritualística.

Metodologia

Para o desenvolvimento deste trabalho, foram realizadas pesquisa bibliográfica e entrevista a respeito da festa realizada em homenagem a Nossa Senhora Aparecida.

Resultados e discussão

Começamos a entrevista e Dona Paulina diz que a santa representa o Brasil, ela tem muita fé em Nossa Senhora Aparecida e diz ter muita gratidão aos santos.

A organização da festa consiste em fazer comidas tradicionais, como o ensopado de mandioca, arroz carreteiro, licor e carne assada. Durante as festas tem barracas com bebidas, comidas e outros. Primeiro levantam o mastro, depois a reza e por último a festa.

As músicas mais tocadas são o siriri e o cururu, utilizam as violas de cocho, ganzá, também tem a música ao vivo com bandas regionais contratadas, que tocam o rasqueado, lambadão.

Na opinião da entrevistada, as rezas estão acabando, porque muitas pessoas não querem tirar rezas e tem poucas rezadeiras. Dona Paulina diz que a maioria das pessoas vão à festa querendo somente o baile, que muitos não querem ter uma responsabilidade de realizar a reza, mas sim só querem se divertir.

Durante a entrevista, ela relata que o maior milagre que a santa fez por ela foi quando sua mãe estava na UTI (Unidade de Terapia Intensiva), já sem falar, com muita fraqueza e sem movimentos de seu corpo. Dona Paulina fez um pedido a Nossa Senhora Aparecida, que foi atendido, e sua mãe teve uma nova vida. Ela mantém um altar em sua residência, como podemos ver na Figura 1.

Figura 1 – Altar

Fonte: as autoras (2023)

O segundo milagre foi com o seu neto, quando o mesmo teve um acidente de moto gravíssimo. Ele chegou na UTI (Unidade de Terapia Intensiva), direto para entubação por conta das suas fraturas, foi quando ela fez mais uma vez um pedido a Nossa Senhora Aparecida, que lhe atendeu novamente. Depois de tanto medo e angústia, Nossa Senhora Aparecida a atendeu mais uma vez. Eis é um pouco da história de Dona Paulina, que, por ter muita fé, sempre tem seus pedidos atendidos.

Considerações finais

Eu aprendi que a fé dela é uma fé inexplicável e que, sim, hoje em dia muitas pessoas não querem mais fazer festa ou rezas. Antes tinha muitas rezadeiras, muitas comemorações, parece que com o tempo isso foi mudando, não é mais como antigamente.

Dona Paulina é a única pessoa que faz festas de santo no bairro onde eu moro. Eu acho muito importante os mais jovens valorizarem essa tradição, porque aí poderá se perpetuar.

Referências

COSTA, A. M. D. da. Festa de santo na cidade: notas sobre uma pesquisa etnográfica na periferia de Belém, Pará, Brasil. **Boletim do Museu Paraense Emílio Goeldi. Ciências Humanas**, v. 6, n. 1, p. 197-216, jan./abr. 2011.

17

RACISMO: UM ASSUNTO NECESSÁRIO

Vander Pereira Xavier

Jussara Cebalho

Introdução

O texto aborda o racismo, um assunto importante e necessário de ser discutido, pois, infelizmente, ele está presente no nosso dia a dia. Portanto, abordar esse assunto é urgente nos dias atuais, principalmente nas escolas, porque diariamente somos informados, pela televisão, internet, de que ocorrem atos racistas em diversas partes do mundo.

Esse é um assunto muito importante não só para pessoas negras, mas também para toda a sociedade, porque não são elas que são racistas, elas sofrem com o racismo. No Brasil, existem leis que protegem pessoas negras contra injúria racial e contra o racismo, mas o que vemos diariamente nos noticiários é que, mesmo assim, acontecem muitos casos de racismo no nosso país.

Metodologia

Para o desenvolvimento deste trabalho, foram realizadas pesquisa bibliográfica e análise de noticiários brasileiros e internacionais.

Resultados e discussão

Nos últimos anos, vem se agravando o número de casos críticos de racismo, não só no Brasil, mas no mundo inteiro. Um desses famosos casos aconteceu em Madri, na Espanha, com o jogador de futebol Vinícius

Junior, que nessas últimas temporadas vem sofrendo bastante com ataques, xingamentos e ódio de torcedores.

O caso ocorreu mais especificamente no jogo do Real Madrid contra o Girona em partida válida pelo Campeonato Espanhol, quando, em determinado momento do jogo, o jogador brasileiro ouviu xingamentos por parte dos torcedores que o chamavam de "mono", que traduzido para a língua brasileira significa "Macaco". O jogador comunicou o fato ao árbitro da partida, que paralisou o jogo por 7 a 12 minutos.

Indignado com a situação, Vinícius Junior chegou a reconhecer um dos torcedores que o atacaram com palavras preconceituosas e levou essa informação ao árbitro que nada fez. Além de sofrer o racismo, o jogador ainda foi expulso da partida, de modo indevido, pela arbitragem.

Esse não foi o primeiro, segundo ou terceiro caso sofrido pelo jogador. O time do Girona foi advertido pelas autoridades competentes, que interditaram o lado que a maioria da torcida cometera o ato de racismo contra o jogador.

De acordo com Luccas (1998), as formas como se estabelecem as relações sociais se refletem no futebol, que sempre foi uma arena. Pode-se dizer que algumas minorias podem alcançar fama, altos salários e visibilidade por meio de sua carreira no futebol profissional. Contudo, apesar da projeção social dos atletas, não se veem evidências de que os negros tenham mais sucesso na liderança esportiva.

Vários casos de racismo já aconteceram na Espanha, outro caso famoso foi do também jogador Daniel Alves, no jogo entre Barcelona e Villarreal: quando foi cobrar um escanteio, um torcedor jogou uma banana ao campo na direção do jogador brasileiro. Alves, indignado com a situação, em um ato pegou a banana e comeu, calando os torcedores do time espanhol.

Outro caso que também repercutiu no mundo todo foi o do estadunidense negro George Floyd, que foi morto por policiais brancos, sendo asfixiado. Floyd, por diversos momentos, falou que não estava respirando mais, mas não foi ouvido e veio a falecer.

É muito importante denunciar casos de racismo, que nem deveriam existir mais, contudo, infelizmente, existem e estão constantemente no dia a dia das pessoas, tanto da pessoa que sofre quanto da pessoa que comete esse ato vergonhoso. No meu ponto de vista, esse problema em nosso país vem desde quando os colonizadores chegaram ao Brasil e, para explorar nossas riquezas, fizeram os indígenas e os africanos de escravos.

Muitos vieram a morrer por recusarem-se a ser escravos dos colonizadores portugueses. Mesmo com as leis e informações, diariamente, casos de racismo vêm acontecendo no mundo inteiro e medidas mais efetivas não são tomadas para proteger as pessoas negras contra os preconceituosos.

Considerações finais

Podemos, sim, combater o racismo que vem se agravando ano após ano, com políticas públicas voltadas para as pessoas negras e leis mais efetivas contra quem prática esse ato. As escolas poderiam também ensinar desde pequenos seus alunos sobre a importância do combate ao racismo; a educação antirracista e a aplicabilidade da Lei n.º 10.639/2003, que institui a obrigatoriedade do ensino da história e cultura africana e afro-brasileira nas escolas brasileiras, são muito importantes nesse sentido.

Referências

LUCCAS, A. **Futebol e torcidas**: um estudo psicanalítico sobre o vínculo social. 1998. Dissertação (Mestrado em Psicologia Social) – Pontifícia Universidade Católica de São Paulo, São Paulo, 1998.

18

AVENTURA ECO-QUEST

Matheus Belmiro Bernardes Colaço

Jonair Lopes Nunes

Silvio Rogério Alves

Maria Catarina Cebalho

Introdução

    Este trabalho é o resultado de uma oficina na qual elaboramos jogos pedagógicos a partir de materiais reciclados. Vivemos em uma sociedade consumista que a cada dia deseja mais e mais. Os padrões de vida e o conforto levam a uma geração desenfreada de resíduos sólidos, muitas vezes descartados sem o devido cuidado. Os resíduos sólidos, conhecidos como "lixo", representam uma preocupação na sociedade contemporânea. A produção constante dos resíduos é um resultado direto do consumo excessivo da sociedade moderna.

    Com o intuito de abordar essa questão e motivar os nossos colegas, desenvolvemos uma oficina de jogos pedagógicos que utilizou materiais recicláveis. Essa iniciativa proporcionou aos participantes melhor compreensão da preservação do meio ambiente. A criação de jogos a partir de sucatas foi de grande valor, já que esses jogos ofereceram aos estudantes uma diversidade de conhecimentos, estimulando o desenvolvimento de habilidades de raciocínio lógico e dedutivo. Foi durante esse processo de ensino e aprendizagem que surgiu o interesse em escrever este trabalho, com o propósito de participar da II Olimpíada Nacional e III Mostra Científica de Povos Tradicionais, Quilombolas e Indígenas do Estado de Mato Grosso.

Metodologia

Como parte de nossa metodologia, inicialmente realizamos leituras e pesquisas, planejamos quais jogos seriam confeccionados e separamos os materiais necessários, e elaboramos os jogos. Posteriormente, conduzimos um oficina para apresentar os jogos aos demais alunos da escola.

Resultados e discussão

Quando conversamos sobre reciclagem, estamos abordando a preservação de recursos naturais, a redução de resíduos sólidos, a economia de energia, a redução de energia, a geração de empregos, a economia financeira e o estímulo à inovação. Em resumo, o reaproveitamento de materiais recicláveis desempenha um papel vital na conservação de recursos naturais, na redução da poluição, na criação de empregos e na promoção de práticas mais sustentáveis. Isso contribui para um meio ambiente mais saudável e uma economia mais eficiente, ajudando na continuidade dos seres humanos na Terra.

De acordo com Rodriguez e Silva (2009, p. 176), a educação ambiental desempenha um papel fundamental na formação de cidadãos conscientes e responsáveis em relação ao meio ambiente, incentivando ações positivas e práticas sustentáveis.

> A Educação Ambiental é, também, um elemento decisivo na transição para uma nova fase ecológica, que permita ultrapassar a crise atual, através da qual seja transmitido um novo estilo de vida e que se mudem, profunda e progressivamente, as escalas dos valores e as atitudes dominantes na sociedade atual (Rodriguez; Silva, 2009, p. 176).

Atitudes simples, como a separação adequada dos resíduos, desempenham um papel fundamental na promoção da reciclagem e na redução do impacto ambiental. A seguir, apresentaremos como a oficina dos jogos feitos com materiais recicláveis foi realizada.

Primeiramente, discutimos a importância da conscientização ambiental como parte essencial do processo educacional. Em seguida, desenvolvemos a teoria e a prática, além de planejar quais jogos seriam desenvolvidos. Posteriormente, fizemos a seleção dos materiais que seriam usados. Com os materiais à disposição, começamos a elaborar os jogos pedagógicos. Após a conclusão dos jogos, realizamos uma apresentação e conduzimos uma oficina com os jogos que desenvolvemos.

Esse processo envolveu não apenas a criação de jogos, mas também a partilha de conhecimento e a promoção da conscientização ambiental entre os colegas. Isso demonstrou os benefícios da aprendizagem prática e da educação ambiental no espaço escolar.

Segundo Grando (2000, p. 16),

> [...] o jogo de regras trabalha com a dedução, o que implica numa formulação lógica, baseada em um raciocínio hipotético-dedutivo, capaz de levar as crianças a formulações do tipo: teste de regularidades e variações, controle das condições favoráveis, observação das partidas e registro, análise dos riscos e possibilidades de cada jogada, pesquisar, problematizar sobre o jogo, produzindo conhecimento.

Grando (2000) ressalta um aspecto fundamental do uso de jogos pedagógicos no processo de aprendizagem: quando o aprendiz é capaz de refletir sobre as estratégias que escolhe antes de tomar decisões, está envolvido em um processo de aprendizagem mais profundo.

Figura 1 – Imagens dos jogos que criamos

Fonte: autoria própria (2023)

Considerações finais

A produção de jogos pedagógicos utilizando materiais recicláveis desempenhou um papel importante no nosso processo de aprendizagem, enriquecendo nosso entendimento em relação ao meio ambiente e incentivando práticas sustentáveis no nosso cotidiano. Além disso, ao desenvolvermos nossos próprios jogos, conquistamos autoconfiança e a consciência de nossa capacidade para realizar projetos e contribuir para um mundo melhor. Essa experiência ilustra como a educação prática e o envolvimento ativo podem fortalecer o processo de aprendizagem e elevar a autoestima.

Referências

GRANDO, R. C. **O conhecimento matemático e o uso de jogos em sala de aula**. 2000. 239 f. Tese (Doutorado em Educação) – Universidade Estadual de Campinas, Campinas, 2000.

RODRIGUEZ, J. M. M.; SILVA, E. V. **Educação ambiental e desenvolvimento sustentável**: problemática, tendências e desafios. Fortaleza: Editora UFC, 2009.

19

FOLIA DE SANTOS REIS EM GOIÁS: MEMÓRIAS E DESAFIOS DE UMA TRADIÇÃO CULTURAL

Adjair Luiz Ferreira

Maria Catarina Cebalho

Introdução

Aqui, eu apresento um pouco sobre como era a festa da Folia de Santos Reis realizada no estado de Goiás. O desejo de relatar essa tradição surgiu durante as aulas de Matemática. Nossas aulas são bastante dinâmicas, e a professora ensina Matemática no contexto da realidade presente. Isso proporciona uma oportunidade de integrar a aprendizagem escolar com a rica cultura do nosso país, enriquecendo nossa compreensão e apreciação das tradições.

Ao falar sobre cultura, lembrei da festa em homenagem aos Santos Reis, realizada em Goiás. Essa tradição pode ser considerada uma manifestação da cultura imaterial, o que, conforme Cruz, Menezes e Pinto (2018), são as manifestações culturais populares, lendas, festejos tradicionais, rituais, costumes, crenças que uma sociedade pratica. Ao participarmos da II Olimpíada Nacional e III Mostra Científica de Povos Tradicionais, Quilombolas e Indígenas do Estado de Mato Grosso, buscamos preservar a memória dessa festa e garantir que ela não caia no esquecimento com o passar dos anos.

Metodologia

A abordagem metodológica buscou nas memórias pessoais sobre como a Folia de Reis ocorria em Goiás. Lembrança que trouxe grande emoção e saudade de um período que permanece no coração. É realmente tocante quando as tradições culturais evocam sentimentos tão profundos de conexão com o passado e com a herança cultural da minha cidade natal.

Resultados e discussão

A Folia de Santos Reis era realizada por pessoas devotas dos Santos que faziam votos e promessas, e, diante da graça concedida, cumpriam esses compromissos durante a Folia de Reis. Para organizar e ensaiar as músicas, um grupo de pessoas se reunia na casa do responsável pela festa, todos trabalhando juntos em busca do mesmo objetivo, pagar os votos e promessas.

O grupo de foliões era composto por dois palhaços, um deles usava uma fantasia vermelha, enquanto o outro usava uma fantasia verde. No entanto, é lamentável observar que essa linda tradição tem diminuído a cada ano, e, se essa tendência persistir, corre o risco de ser extinta.

Sobre isso, Carvalho (2007) afirma que alguns traços se perdem, outros se adicionam, com o passar do tempo, a velocidade irá variar, de acordo com a sociedade, isso porque a cultura não é estática, tampouco as manifestações culturais.

A autora ressalta a dinâmica da cultura e das manifestações culturais. Ela destaca que a cultura está sempre em evolução, com alguns traços que se perdem ao longo do tempo e outros que se acrescentam, as manifestações culturais refletem a vida e as experiências em constante transformação das comunidades. Essa compreensão é importante para o entendimento de como as tradições culturais se adaptam e evoluem ao longo do tempo, mas também enfatiza a necessidade de preservar e proteger elementos importantes do patrimônio cultural.

Continuando com a narração da organização da Folia de Reis, cada palhaço carregava uma capanga (bolsa) para guardar os produtos que recebia como doações, como óleo, arroz e feijão. A função principal desses palhaços era pedir e pedir muito. Além disso, eles carregavam um facão de madeira na mão e realizavam a dança do facão. Enquanto isso, todos os músicos tocavam seus instrumentos, criando uma atmosfera festiva e envolvente durante a celebração. Essa combinação de elementos culturais e musicais fazia da Folia de Santos Reis uma experiência única e significativa para todos os envolvidos.

Os instrumentos musicais incluíam violão, flauta, pandeiro e zabumba. A Folia de Santos Reis percorria diversos bairros, ruas e casas. Os dois palhaços visitavam as casas dos moradores, perguntavam se eles aceitavam receber a Folia em suas residências, com o propósito de abençoar as famílias da casa. Quando o convite era aceito, os foliões entravam nas casas, começando a tocar seus instrumentos musicais e cantando uma música que fazia reverência ao nascimento do Menino Jesus. Essa música é inspirada na passagem bíblica de Mateus, capítulo dois, que narra a visita dos magos, onde fala que os Magos viram a estrela de Jesus no Oriente e foram adorar o Menino.

Após terminarem de cantar, os foliões realizavam orações. Em seguida, saíam da casa, tocando e cantando, fazendo uma saída triunfal até chegarem ao local do almoço, onde as pessoas encarregadas de cumprir suas promessas ofereciam almoço aos foliões e àqueles que acompanhavam a Folia de Santos Reis.

Após a realização do almoço, os foliões faziam um horário de descanso. Em seguida, retomavam a jornada, visitando outras casas até chegar ao local onde outros devotos esperavam com o jantar e pouso.

Os donos da casa que ofereciam o jantar arrumavam um portal de palha de palmeiras e colocavam uma fita de papel no portal. E escondiam presentes do lado de fora da casa. Quando os foliões chegavam, os palhaços tinham que procurar os presentes até encontrá-los, tornando essa busca parte da tradição e celebrações. Os foliões só entravam na casa quando encontravam os presentes. Esse processo de encontrar os presentes era muito divertido, um dos palhaços saía na busca e, com a ajuda do dono da casa, ocorria a seguinte dinâmica: quando o palhaço estava longe do presente, o morador dizia "está frio"; quando estava perto, dizia "está morno"; quando estava bem pertinho, dizia "está quente"; e quando os presentes eram encontrados, os palhaços cortavam a fita de papel com seu facão de madeira. Aí os foliões adentravam a casa pelo portal, tocando seus instrumentos, cantando até chegar no altar do Santo.

A Folia era recebida com um altar e a imagem de Santo Reis, onde era colocada a bandeira de Santos Reis que acompanhava a Folia. Quando os foliões terminavam de cantar e rezar, era servido o jantar. Depois do jantar, todos aguardavam ansiosos o forró.

No dia seguinte, os foliões saíam logo cedo para dar continuidade ao cumprimento de suas missões, de levar a Folia de Santos Reis para outras pessoas até chegarem ao momento da entrega da Folia. Essa entrega ocorria na casa do responsável pela festa, que era realizada com muita fé e alegria.

No encerramento os festeiros ofereciam um jantar e, nele, era o momento de compartilhar a jornada que aconteceu durante as visitas das casas em homenagem ao Santos. Momento muito especial e significativo, pois permitia que os participantes compartilhassem as experiências vividas durante as visitas.

Esse evento foi muito lindo, no entanto, corre risco de acabar devido a vários problemas que ultimamente vem ocorrendo. Muitos foliões têm ingerido bebidas alcoólicas em excesso, também há o problema do uso de entorpecentes, além de incidentes de roubo nas casas das pessoas que recebem os visitantes. Por esses motivos, muitas pessoas não querem mais receber os foliões, e também muitos devotos não querem mais acompanhar os foliões.

Considerações finais

A Folia de Reis evoca sentimentos de saudade e orgulho em relação ao estado de Goiás e à riqueza de sua cultura imaterial regional. Essa tradição não apenas celebra a religiosidade, mas também incorpora elementos como comidas típicas e danças, como a dança de Santos Reis, que estão intrinsecamente ligadas à identidade cultural da região.

Ao compartilhar essas experiências e tradições em formato de texto para a II Olimpíada Nacional e III Mostra Científica de Povos Tradicionais, Quilombolas e Indígenas do Estado de Mato Grosso, estarei contribuindo para o registro e preservação dessa riqueza cultural. Essa documentação é fundamental para que as gerações futuras possam compreender, apreciar e valorizar a herança cultural de Goiás. Além disso, participar desses eventos é dar visibilidade e reconhecimento às práticas culturais tradicionais que enriquecem a diversidade cultural do Brasil.

Referências

CARVALHO, S. V. C. B. R. "Manifestações culturais". *In*: GADINI, S. L.; WOLTOWICZ, K. J. (org.). **Noções básicas de Folkcomunicação**. Ponta Grossa, PR: UEPG, 2007. p. 64-66.

CRUZ, M. S. R.; MENEZES, J. S.; PINTO, O. Festas Culturais: Tradição, Comidas e Celebrações. *In*: ENCONTRO BAIANO DE CULTURA – EBECULT, 1., Salvador, Bahia, 11 de dezembro de 2008.

20

O DESAPARECIMENTO DAS ABELHAS POLINIZADORAS DEVIDO AOS INCÊNDIOS FLORESTAIS: SEM ABELHAS, SEM ALIMENTOS, SEM VIDAS

Alline Camily Ribeiro Manaca

Izabela Rodrigues Oliveira

Vanesa Isabely Gonçalves Rojas

Maria Catarina Cebalho

Introdução

O presente trabalho é fruto de um evento que ocorreu no Sítio Campinas, localizado próximo à Polícia Federal na BR-174, a 6 km da cidade de Cáceres-MT, onde ocorreu um desastre em que dez colmeias foram destruídas devido a incêndios florestais.

No ano passado (2022), participamos da I Olimpíada Nacional, e escrever um trabalho para esse evento foi muito significativo. Por meio dessas oportunidades, conseguimos dar voz a questões ambientais, é importante compartilhar nossas preocupações com pessoas que estão ativamente envolvidas na preservação do meio ambiente. Foi por isso que decidimos escrever este trabalho para apresentá-lo na II Olimpíada Nacional e na III Mostra Científica de Povos Tradicionais, Quilombolas e Indígenas do Estado de Mato Grosso.

O texto destaca a importância dos polinizadores para a sobrevivência da vida na Terra e a preservação dos ecossistemas naturais. A conexão entre polinizadores e nossa alimentação é ressaltada, evidenciando como a maioria dos alimentos que consumimos depende da polinização. Além disso, o texto aborda a ameaça significativa que os incêndios florestais representam para as abelhas polinizadoras, destacando que essa ameaça vai além das abelhas e afeta o equilíbrio da vida em nosso planeta.

Ainda, os incêndios florestais causam a destruição do *habitat* de muitas espécies de animais, incluindo abelhas e outros polinizadores. Isso pode levar à perda de biodiversidade e ao desequilíbrio nos ecossistemas. As áreas afetadas pelos incêndios podem perder recursos naturais importantes, como árvores, plantas medicinais e alimentos silvestres.

As queimadas liberam poluentes no ar, incluindo partículas finas e substâncias tóxicas, que podem afetar a qualidade do ar e a saúde respiratória das pessoas que vivem nas áreas afetadas. Mudanças climáticas liberam grandes quantidades de dióxido de carbono na atmosfera, contribuindo para o aquecimento global. Portanto, a prevenção e o combate aos incêndios florestais são fundamentais não apenas para a preservação das abelhas, mas também para a proteção do meio ambiente e a saúde humana.

Mato Grosso desfruta de um clima favorável que permite a produção de mel durante todo o ano. Em média, uma colmeia, no Estado, produz cerca de 30 quilos de mel por ano. No entanto, na região do Pantanal, essa média quase duplica, chegando a aproximadamente 50 quilos de mel por ano (FAVA, 2022).

Metodologia

A metodologia deste trabalho envolveu uma pesquisa em campo, que se fundamentou nos relatos vivenciados por um apicultor no Sítio Campinas, sendo ele pai de uma das pesquisadoras.

Resultados

Aqui, apresentaremos um relato das dificuldades enfrentadas devido aos incêndios florestais: o incidente ocorrido no Sítio Campinas, no apiário do pai de uma das autoras desta pesquisa, onde lamentavelmente dez colmeias foram destruídas por um incêndio cuja origem ainda é desconhecida.

Neste espaço, eu, Aline, relatarei um fato ocorrido com os apiários do meu pai. No ano de 2020, ele sofreu um grande prejuízo devido a incêndios florestais. Na época, ele recebeu uma ligação dos meus avós, proprietários do Sítio Campinas, onde temos nossos apiários. Um dos locais onde estavam as colmeias estava pegando fogo, meu pai se deslocou até o local. Quando chegou lá, várias caixas já tinham sido consumidas pelo fogo, mas ele conseguiu controlar as chamas.

No entanto, no dia seguinte, quando voltou ao apiário, deparou-se com uma cena desesperadora. As colmeias que não pegaram fogo, acabaram morrendo devido à fumaça e ao calor das chamas. Meu pai teve um prejuízo de dez colmeias totalmente destruídas.

Para evitar que outra situação como essa aconteça, os apicultores da região têm adotado medidas para prevenir incêndios. Para isso, têm de mantido a limpeza dos apiários, rastelando as folhas secas e removendo-as de perto das colmeias.

Considerações finais

Quando falamos em proteção ambiental, devemos considerar o ecossistema como um todo. Ao observar de perto nossas matas, torna-se evidente que uma ampla variedade de animais, desde os menores até os maiores, compartilham esses *habitat*. Ao longo de muitos anos, diversas atividades humanas exerceram um impacto significativo sobre a vida selvagem, incluindo o desmatamento e os incêndios florestais. Entre os seres mais vulneráveis a essas ações, destacam-se os insetos, especialmente as abelhas.

A preservação dos polinizadores, em especial das abelhas, é uma questão urgente que afeta não apenas a natureza, mas também a nossa própria segurança alimentar e a economia. Nesse contexto, é essencial refletir e reforçar os esforços para proteger esses polinizadores exclusivos para o nosso presente e futuro.

Compartilhar os riscos e as consequências das queimadas com outras pessoas, por meio de textos como este para a II Olimpíada Nacional e III Mostra Científica de Povos Tradicionais, Quilombolas e Indígenas do Estado de Mato Grosso, é uma forma de registrar na história.

Referências

ARISTIDES, A. Abelhas sofrem os efeitos dos incêndios e do clima no Pantanal. Disponível em: https://ecoa.org.br/abelhas-sofrem-os-efeitos-dos-incendios-e--do-clima-no-pantanal/. Acesso em: 15 set. 2023.

FAVA, B. **MT explora apenas 0,3% do potencial para produção de mel, aponta pesquisa.** Disponível em: https://g1.globo.com/mt/mato-grosso/maisagromt/noticia/2022/12/09/mt-explora-apenas-03percent-do-potencial-para-producao-de-mel-aponta-pesquisa.ghtml. Acesso em: 15 set. 2023.

21
EXPLORANDO A DIVERSIDADE CULTURAL ATRAVÉS DAS MINHAS MEMÓRIAS NA FANFARRA

David Gabriel Araujo Santana

Maria Catarina Cebalho

Cristiane Villas Boas Schardosin

Introdução

A palavra *fanfarra* tem uma origem interessante na história da música e evoluiu ao longo do tempo. Inicialmente, referia-se ao toque de trompas e clarins Usados em caçadas na França. Com o tempo, a designação foi estendida para incluir as bandas marciais que acompanhavam cortejos cívicos e regimentos de cavalaria. Hoje em dia, "fanfarra" é frequentemente associada a grupos musicais escolares ou comunitários que executam músicas festivas em eventos especiais, como desfiles e competições. A evolução da fanfarra reflete a rica história da música e das tradições culturais ao longo dos anos.

Durante as aulas, a professora nos mostra uma variedade de atividades, incluindo a exploração da diversidade cultural. Foi durante as aulas que despertou meu interesse em escrever um trabalho para participar da II Olimpíada Nacional e III Mostra Científica de Povos Tradicionais, Quilombolas e Indígenas do Estado de Mato Grosso.

Este relato é o resultado das lembranças que carrego da minha infância. Meu desejo de fazer parte de um grupo de fanfarra nasceu quando eu era muito pequeno e, aos 5 anos, tive a privilégio de ser convidado para integrar um grupo musical de fanfarra da Escola Estadual Antonio Carlos de Brito, na cidade de Pontes e Lacerda, conforme apresentado na Figura 1.

Figura 1 – Eu, vestido para fazer a apresentação na Fanfarra, em Pontes e Lacerda-MT

Fonte: arquivo pessoal do autor

Metodologia

A metodologia utilizada para a elaboração do presente trabalho foram rodas de conversas com os alunos e professora e buscas nas lembranças das vivências no Grupo de Fanfarra, além das leituras e pesquisas em livros.

Resultados e discussão

Minha primeira competição com o Grupo de Fanfarra foi contra os alunos da Escola Estadual Mário Spinelli, de Pontes e Lacerda-MT. Essa banda era muito talentosa. Lembro-me de quando toquei minha primeira música, uma composição amplamente reconhecida pelos fanfarristas. Nossa banda estava se formando na época e contávamos com membros da Baliza, do Prato, do Marcial, do Tarol e da Equipe da Frente, que carregava a bandeira do Brasil.

A Banda Marcial tem formações comuns em diferentes contextos de apresentação. Essas formações são projetadas para otimizar o desempenho musical e a visualização do público, mantendo uma organização que facilita a sincronização entre os músicos. Segundo Souza Jr. e Pimenta:

> Uma fanfarra pode e deve ser considerada o início de tudo para a formação de um jovem músico, ela é o berço para a educação musical e social do indivíduo. De formação simples e de fácil organização, emite um grande efeito sonoro, de características não encontradas em outros grupos (Souza Jr.; Pimenta, 2013, p. 106).

Essas formações são projetadas não apenas para criar um som coeso e agradável, mas também para facilitar a coordenação e a interação entre os músicos durante as apresentações, independentemente do contexto.

Depois de competirmos com a Escola Mário Spinelli, escrevemos o nome da nossa Escola Estadual Antônio Carlos de Brito na história da fanfarra. Cada um de nós ganhou uma medalha e eu tive a honra de receber uma medalha de ouro. Com a vitória da nossa escola, abriram-se portas para competir em outras cidades, como apresentado na Figura 2.

Figura 2 – Eu e meus colegas participando de um desfile de fanfarra

Fonte: arquivo pessoal do autor

Nossa segunda competição aconteceu em Salto do Céu, e o professor Ney aceitou o convite para participar. Ele selecionou os alunos que tinham mais conhecimento no manuseio dos equipamentos, e como eu já tinha alguns conhecimentos, também fui convidado. No entanto, para participar, precisávamos levantar R$300,00. Minha mãe pensou bem, mas, no final, ela concordou em me apoiar. Na véspera da viagem, eu mal consegui dormir, passando a noite me preparando para a competição.

Ao raiar do dia, embarcamos no ônibus e viajamos por aproximadamente duas horas até chegarmos à escola onde acamparíamos. Com o objetivo de aprimorar nosso desempenho na competição, realizamos sessões de treinamento adicionais. Pouco antes do horário da apresentação, dirigimo-nos à praça de Salto do Céu. Nosso grupo foi o primeiro a se apresentar. Tocamos várias músicas. Em seguida, um grupo de outra cidade começou a se apresentar. Eles dominavam completamente seus instrumentos, então ficamos na expectativa pelo resultado. Quando anunciaram que os vencedores eram de Pontes e Lacerda, pulamos de alegria e soltamos gritos de comemoração. Ficar em primeiro lugar foi muito bom.

Após alguns meses, fomos convidados para fazer uma apresentação na cidade de Cáceres. O grupo de Cáceres era muito talentoso e, nessa competição, conquistamos o segundo lugar, o que nos deixou bastante felizes. Após a premiação, decidimos ir até a praça Barão do Rio Branco. No centro da praça, havia uma fonte de água, onde muitas crianças se divertiam tomando banho e eu também decidi aproveitar a oportunidade e me refrescar. Após o banho, decidi aproveitar e curtir um pouco mais na praça, dei uma voltinha pela região. No entanto, ao retornar ao local onde estavam meus colegas, não encontrei ninguém. Eles já haviam embarcado no ônibus e, sem perceber, me deixaram para trás. O ônibus já estava em movimento quando o professor lembrou de mim, e logo vieram me buscar.

Quando chegamos em Pontes e Lacerda, continuamos com nossos treinamentos. Com o passar do tempo, nosso professor nos fez um convite para organizarmos uma competição com os grupos das cidades de Nova Lacerda e Conquista D'Oeste. No entanto, eles recusaram a proposta, e acredito que isso tenha ocorrido devido a nossa banda ser famosa na região, o que talvez tenha intimidado a participação deles.

Considerações finais

Tenho muita alegria em falar da Fanfarra. Ela me proporcionou uma série de benefícios, como a oportunidade de aprender a tocar instrumentos musicais e a desenvolver habilidades musicais, como leitura de partituras, ritmo e harmonia. Influenciou também na colaboração e trabalho em equipe, pois, quando toca, o grupo precisa tocar em conjunto e sincronizar suas ações para criar músicas harmoniosas.

A fanfarra me ajudou a ter disciplina, autoconfiança para participar das apresentações e ver o reconhecimento do público, o que eleva a nossa autoestima. Em relação à responsabilidade, nos ensina a gerenciar o nosso tempo entre escola, família e outros afazeres. Além disso, tive a oportunidade de conhecer várias pessoas e novos lugares.

No geral, a fanfarra é uma experiência enriquecedora, que oferece benefícios tanto musicais quanto pessoais, muitos dos valores e habilidades adquiridos na fanfarra podem ser aplicados em outras áreas da vida.

Referências

CARVALHO, S. V. C. B. R. "Manifestações culturais". *In*: GADINI, S. L.; WOLTOWICZ, K. J. (org.). **Noções básicas de Folkcomunicação**. Ponta Grossa, PR: UEPG, 2007. p. 64-66.

CRUZ, M. S. R.; MENEZES, J. S.; PINTO, O. Festas Culturais: Tradição, Comidas e Celebrações. *In*: ENCONTRO BAIANO DE CULTURA – EBECULT, 1., Salvador, Bahia, 11 de dezembro de 2008.

SOUZA JR., O. R.; PIMENTA, N. A. A. Fanfarras: uma gestão participativa. **Ethos & Epistemes**, Manaus, ano 9, v. 18, p. 105-109, jul./dez. 2013.

FESTA DOS MASCARADOS

Fernando Costa Prado

Maria Catarina Cebalho

Introdução

Durante as aulas de Matemática, não nos limitamos apenas a cálculos, mas também exploramos diversas questões culturais. Foi durante esse processo de aprendizagem que surgiu o interesse em desenvolver este trabalho, com o propósito de participar da II Olimpíada Nacional e III Mostra Científica de Povos Tradicionais, Quilombolas e Indígenas do Estado de Mato Grosso.

O presente trabalho é resultado das memórias que cercam a Dança dos Mascarados de Poconé, uma tradição enraizada na cultura local. Freire (1997) ensina sobre a necessidade da leitura do mundo antes da leitura da palavra, é a leitura da palavra mundo que tentamos compreender com este importante projeto.

A origem dessa dança é um mistério, mas acredita-se que tem suas raízes nos povos indígenas Beripoconés, que ocupavam a região onde hoje se localiza o município de Poconé/MT. Essa manifestação cultural é um testemunho vivo da rica história e patrimônio cultural dessa comunidade, misturando elementos religiosos que incluem festas em honra a São Benedito, o Divino Espírito Santo.

A dança é realizada exclusivamente por homens, que se organizam em pares, formando grupos de 8 a 14 pessoas que incluem personagens como o Galã (ou Galão) e as Damas. Os trajes usados pelos participantes têm representações distintas: os masculinos simbolizam os galãs, enquanto os femininos representam as damas. As máscaras são feitas de tela de arame e massa, pintadas em tons de cinza para os galãs e rosa para as damas, com um toque bem engraçado para os personagens. Além dos dançarinos, a dança envolve outros personagens importantes, como o marcante, responsável por dirigir a dança, e as balizas, que seguram o mastro adornado com fitas coloridas e a bandeira de São Benedito.

As roupas, sempre com muito brilho, são cuidadosamente confeccionadas pelos próprios membros do grupo, revelando o orgulho que sentem em fazer parte dessa tradição.

A sonoplastia da dança é realizada por uma banda que utiliza diversos instrumentos, incluindo saxofone, tuba, pistões, pratos e tambores.

Sobre isso, Amaral (2015, p. 29) descreve:

> A dança, além do contexto histórico, é considerada peculiar ao destacar-se na região de maneira especial por sua proposta artística criativa de entretenimento, cujo significado relaciona-se à formação da cultura e identidade local, influenciando na dimensão social e particular do povo de Poconé).

Cabe mencionar que a Dança dos Mascarados tem elementos importantes, que desempenham papéis específicos, criando uma representação rica e significativa durante a celebração.

Metodologia

Como metodologia, nossa abordagem foi baseada na pesquisa das memórias de família sobre como acontece a Festa dos Mascarados. Além disso, conduzimos leituras e pesquisas em livros e internet.

Resultados e discussão

Com muito carinho, compartilhamos a celebração da Festa dos Mascarados em Poconé. Lembro-me da minha infância, quando meu avô, um verdadeiro pantaneiro, conduziu grandes travessias de gado de um lado para o outro. Além disso, meu avô também foi um participante ativo da tradicional festa da Dança dos Mascarados. Essa tradição é um reflexo da rica herança cultural e histórica da região pantaneira, que desempenha um papel significativo na vida das pessoas e na identidade local.

Sobre isso, Carvalho (2007) observa que as tradições culturais estão em constante evolução, com alguns elementos se perdendo ao longo do tempo e outros sendo acrescentados. A velocidade dessas mudanças varia de acordo com a sociedade, pois a cultura não é estática e está sempre se adaptando às transformações ao seu redor.

Segue a descrição de como cada espetáculo da festa acontece.

Dança

A característica da dança é a participação apenas de homens, que usam chapéus ornamentados com plumas, espelhos e outros enfeites. Eles desempenham os papéis de damas e galãs. O grupo é composto em pares de 8 a 14 dançarinos, a dança envolve outros personagens importantes, como o marcante, responsável por dirigir a dança, e as balizas, que são galãs posicionados na frente do grupo, carregando o mastro adornado com fitas coloridas e a bandeira de São Benedito.

Cavalhada

O evento ocorre na pista oficial, localizada na parte alta da cidade, no clube Cidade Rosa. Durante a Cavalhada, essa área se transforma em um campo de batalha, onde cavaleiros Mouros e Cristãos se enfrentam. O evento começa com a entrada do exército mouro, identificado pela cor vermelha, seguido pelo exército cristão, representado pela cor azul. Após a entrada dos exércitos, entra a rainha e os mantenedores (pessoas que lideram os exércitos), e também o embaixador. Em seguida, entram as bandeiras do Divino Espírito Santo e de São Benedito. Com o rapto da rainha moura pelo exército cristão, o castelo é incendiado. Após o castelo ser queimado, começam as competições, que incluem eventos como a Cabeça do Judas, a Prova do Limão, a Cabeça da Rainha, entre outros. Ao final das competições, o exército mouro coloca bandeira branca na arena, declarando a paz entre os dois exércitos

Almoço

Depois dessas atividades emocionantes, há um almoço com pratos especiais, como galinha caipira com arroz, carne seca com arroz, feijoada, churrasco e caldão, tudo servido com grande fartura.

Considerações finais

Falar sobre a Festa dos Mascarados é remeter à história da minha família, é retratar um pouco da nossa cultura imaterial regional, que se manifesta nas tradições culinárias, nas danças vibrantes e nas emocionantes Cavalhadas. Ao compartilharmos essa história em formato de texto para a II Olimpíada Nacional e III Mostra Científica de Povos Tradicionais, Quilombolas e Indígenas do Estado de Mato Grosso, estamos contribuindo para preservar e registrar essa preciosidade cultural. Uma forma de celebrar e compartilhar a herança cultural que nos define, permitindo que as gerações futuras conheçam e valorizem nossas raízes.

Referências

AMARAL, I. M. B. do. **A performance cultural na dança dos mascarados**. 2015. 122 f. Dissertação (Mestrado em Estudos de Cultura Contemporânea) – Universidade Federal de Mato Grosso, Cuiabá, 2015.

CARVALHO, S. V. C. B. R. "Manifestações culturais". *In*: GADINI, S. L.; WOLTOWICZ, K. J. (org.). **Noções básicas de Folkcomunicação**. Ponta Grossa, PR: UEPG, 2007. p. 64-66.

CHUVA DE CRIATIVIDADE: DAS SOMBRINHAS ÀS ROUPAS ÚNICAS

Hernanys Aguiar da Silva

Maria Catarina Cebalho

Lelyane Santos Silva

Introdução

Este trabalho é um relato das lembranças vivas da infância, memórias e saudades de Hernanys Aguiar da Silva. O desejo de compartilhar essas memórias surgiu durante as aulas de Matemática, nas conversas que ocorrem durante essas aulas sobre uma diversidade de assuntos, indo além dos cálculos matemáticos, são temas discutidos que oferecem a oportunidade de transcender as complexidades da matemática e imergir nas narrativas que nos constituem. Foi nesse contexto que surgiu o interesse quanto a oportunidade de compartilhar minha própria jornada de vida.

Além disso, a II Olimpíada Nacional e a III Mostra Científica de Povos Tradicionais, Quilombolas e Indígenas do Estado de Mato Grosso tiveram um papel fundamental em manter nossa vontade de escrever e compartilhar este relato de experiência. Nesse contexto, nossa aspiração em expressar essa jornada encontrou nesse evento a oportunidade de interagir com um público, potencializando ainda mais o impacto desta narrativa.

Metodologia

Como metodologia, buscamos pelas memórias, onde tudo começou com as dificuldades vivenciadas por minha família, contudo, com orientação das professoras, realizamos leituras e pesquisas em livros, consequentemente, por meio dos estudos dos teóricos, iniciou-se a escrita.

Resultados e discussão

Abordarei um pouco da minha vida, éramos em quatro irmãos, sendo três meninos e uma menina. Nós passamos por um período em que os recursos financeiros eram escassos, e adquirir roupas novas era um luxo ao qual não tínhamos acesso. Entretanto, minha mãe, com sua sabedoria e talento, sempre encontrava maneiras de valorizar e prolongar a vida útil das peças de vestuário que tínhamos. Ela realizava verdadeiros milagres, reparando bolsos de bermudas e calças, trocando zíperes, trocando botões, aplicando velcros em roupas desgastadas, tornando-as praticamente novas outra vez. Mas o que mais me marcou foi a sua brilhante ideia de aproveitar panos (tecidos) de sombrinhas velhas para confeccionar roupas exclusivas para nossa família. Eu e meu irmão tínhamos a missão de buscar sombrinhas descartadas nos lixões da cidade de Luiz Domingues, Maranhão.

Os guarda-chuvas que encontrávamos trazíamos para mamãe, e, com ajuda dos meus irmãos mais novos, ela recortava os panos (tecidos) das sombrinhas. Depois de recortados, eram lavados para remover a sujeira. Alguns tecidos estavam em melhores condições, outros nem tanto. Depois de secos, minha mãe os recortava para fazer a modelagem das roupas, de acordo com as medidas de nossos corpos.

Lembro-me de como ficávamos ansiosos para ver as roupas tomando forma, com cada recorte estratégico e cada costura precisa. E quando chegava o momento de vestir essas roupas criativas e únicas, era como se ganhássemos asas da imaginação. Tenho na lembrança da primeira roupa de pano de sombrinha que usei, foi no dia dois de novembro de 2001 (era Dia de Finados), mamãe fez roupa para todos nós, até para o papai, e nesse dia todos nós fomos no cemitério com as roupas confeccionadas por mamãe, os modelos das roupas diferenciados chamavam a atenção das pessoas que por nós passavam.

Ao falar sobre reaproveitamento de resíduos, vem à mente o Plano Nacional de Resíduos Sólidos (PNRS), Lei n.º 12.305, de 2010, um documento de extrema importância. Essa lei aborda vários conceitos de grande importância, entre eles o reaproveitamento dos resíduos sólidos como material que poderá ser reutilizado e reaproveitado, que pode ser tomado como matéria-prima dentro da cadeia produtiva. Na gestão e gerenciamento de resíduos sólidos, deve ser observada a seguinte ordem de prioridade: não geração, redução, reutilização, reciclagem, tratamento dos resíduos sólidos e disposição final ambientalmente adequada dos rejeitos (Art. 9.º do PNRS).

A redução vai gerar menos consumo, menos resíduo, preservando recursos naturais; a reciclagem faz a transformação dos resíduos em novos produtos; e, por fim, os rejeitos devem ser enviados para aterros sanitários ambientalmente adequados. É preciso consumir de maneira consciente, satisfazendo as necessidades da atualidade e preservando para a geração futura, bem como escolher produtos menos agravantes ao meio ambiente.

Diante de tantas provações enfrentamos mais um problema, meu pai ficou doente, e passou quase um ano acamado. Para suprir nossas necessidades alimentares, eu e meu irmão mais velho íamos no matadouro em busca de restos de carne para ajudar na nossa alimentação. Mamãe continuava a fazer roupas usando os panos de sombrinha e logo começaram a aparecer as primeiras encomendas. Uma vez em posse desses materiais aparentemente comuns, minha mãe os transformava em verdadeiras obras de arte têxtil.

Algumas pessoas já traziam os panos de sombrinha limpos para que mamãe confeccionasse as peças. Com o aumento das encomendas, meu irmão mais novo passou a ajudar mamãe na costura. Com o tempo se passando, meu pai recuperou a saúde e voltou a trabalhar no garimpo. Com o apoio do meu pai, investiram em máquinas de costura mais avançadas, incluindo um overloque, uma galoneira e uma máquina de costura Singer profissional. Com essas novas máquinas, minha mãe pôde ampliar sua produção e começou a fazer roupas em maior quantidade. Com o dinheiro das produções, mamãe passou a comprar uma variedade de materiais, permitindo que ela criasse diversas peças de roupas. Nesse momento, meu irmão mais novo começou a contribuir ainda mais, criando modelos de roupas desenhadas no papel e passando para minha mãe confeccionar.

Com o tempo, minha mãe expandiu sua habilidade para além das roupas e começou a criar bolsas, carteiras, cintos, fichários escolares, mochilas, tapetes e outros itens. Com o aumento da produção, minha mãe se torna mais conhecida por suas habilidades de costura e criação, continuando a desenvolver seu talento e adquirir novas técnicas na confecção de roupas. Nesse período, ela foi convidada para fazer roupas de um grupo folclórico do Bumba Meu Boi Flor da Primavera, com essa grande produção meu irmão fazia os desenhos das fantasias no papel e mamãe os transformava em realidade, foi um trabalho árduo, contudo depois de tudo pronto veio a gratificação.

No ano seguinte, mamãe recebeu novas encomendas dos grupos Boi Brilho de Luiz Domingues, Flor de Primavera, e de outros grupos de quadrilhas juninas da cidade. Foram meses de trabalho, às vezes a noite amanhecendo para dar conta das roupas dos bailantes, daí por diante mamãe foi reconhecida como a melhor costureira da região, e isso atraiu olhares de outras cidades vizinhas, e as encomendas só foram aumentando ainda mais.

Para Gadotti (2013), a educação popular tem ocupado os espaços que a educação de adultos oficial não levou muito a sério. Um dos princípios originários da educação popular tem sido a criação de uma nova epistemologia, baseada no profundo respeito pelo senso comum que trazem os setores populares em sua prática cotidiana, problematizando-o, tratando de descobrir a teoria presente na prática popular, teoria ainda não conhecida pelo povo, problematizando-a também, incorporando-lhe um raciocínio mais rigoroso, científico e unitário (Gadotti, 2013, p. 18).

As contribuições à educação popular, social e comunitária continuam muito presentes na sociedade contemporânea. Todo esse trabalho e sucesso, meu irmão ganhou fama por suas roupas e fantasias exuberantes, destacando-se por seus desenhos e criações únicas. Suas habilidades em design de moda e seu talento em criar peças belas e inovadoras foram conquistando novos espaços. Com o tempo, minha mãe e meu irmão se tornaram referências no ramo da moda, atendendo a diversas encomendas e ganhando reconhecimento não apenas em cidades próximas, mas também de outros estados.

Os anos se passaram e a cada dia meu irmão mais famoso. Nesse período surgiu a oportunidade de cursar uma faculdade de estilista na capital do Pará, e com o apoio da família, ele se mudou para lá. Durante seus estudos, ele foi convidado para confeccionar a roupa do mestre de Alá do grupo carnavalesco Mangueira, em 2014. Sua criação foi eleita a melhor roupa do mestre de Alá, o que trouxe ainda mais visibilidade para seu trabalho.

Seu nome começou a ser divulgado, e logo recebeu um convite para produzir roupas para a marca Riachuelo. Nesse período conseguiu um emprego no shopping de Pátio Norte, na cidade de Ananindeua, próximo da capital. Com o reconhecimento de suas habilidades e talento na criação de roupas, teve a oportunidade de mostrar seu trabalho para um público ainda maior, desenvolveu vários tipos de roupa, e aproveitava minha irmã caçula como modelo. Daí veio o convite para produzir uma roupa para ser usada numa modelo que iria desfilar na cidade de São Paulo, evento esse que se chama São Paulo Fashion Week. Sua roupa estava lá no maior evento do país da moda, sua criação resultou num convite para ir morar em São Paulo, ele aceitou a oportunidade.

Lá, sua carreira continua a prosperar na indústria da moda, está em contato com designers estilistas renomados, foi convidado para participar de um evento em Paris, onde estiveram presentes os maiores estilistas e designers da moda. Participar desse evento ao lado de tantos profissionais proeminentes foi uma experiência incrível para ele. Embora não tenha conquistado o primeiro lugar, estar presente em meio a todo aquele glamour e talento foi extremamente gratificante. Essa experiência trouxe novas oportunidades de aprendizado e crescimento. Após retorno ao Brasil, comemoramos muito a conquista de ter um membro da família Aguiar nos representando fora do país. Em seguida, meu irmão recebeu uma proposta para gerenciar shoppings em diversos estados do Brasil, como Belém do Pará, Luiz Domingues, Manaus, São Paulo e Salvador.

Ele também foi encarregado de fazer um monitoramento de um Shopping em Cuiabá, representando a loja S&A, no ano de 2022. Essa oportunidade foi um marco na carreira dele, elevando-o a uma posição de destaque no mundo da moda. Ele se tornou um estilista e designer reconhecido internacionalmente, sendo procurado por artistas famosos e ganhando renome. Seu nome, NAYRON AGUIAR, é conhecido e apreciado na indústria da moda. Enquanto isso, minha mãe continua exercendo sua paixão pela costura, mantendo viva a tradição das antigas técnicas que ela nos ensinou. Sua habilidade e dedicação são admiradas por todos, e ela continua sendo uma presença importante em nossa família, sendo uma fonte de inspiração para nós.

Mas nem tudo são alegrias, e as surpresas da vida chegaram à nossa família. Em um roubo cruel, meu pai foi assassinado, trazendo uma das piores dores que já enfrentamos. A experiência terrível e profundamente dolorosa abalou a estrutura familiar de forma profunda, à medida que o tempo passa, as lembranças e o amor por meu pai permanecem. A nossa família entrou em colapso, e tomamos rumos diferentes. Meu irmão, que esteve no ápice do sucesso, também sofreu as consequências dessa tragédia, até a data da escrita deste trabalho, ele se encontra com depressão profunda, precisando do cuidado de minha irmã. Felizmente, aos poucos apresenta pequenas melhoras, tenho fé que logo estará bem.

Considerações finais

Falar sobre esse assunto que aconteceu em nossas vidas não é fácil, pois as lembranças dos momentos bons nos causam imensa saudade, e os momentos difíceis são como punhaladas no peito, fazendo com que lágrimas escorram involuntariamente por nossos rostos. Registrar esse relato de vida em forma de texto, para a II Olimpíada Nacional e III Mostra Científica de Povos Tradicionais, Quilombolas e Indígenas do Estado de Mato Grosso, é deixar registradas na história as superações das dificuldades e sofrimentos enfrentados por inúmeras famílias.

Referências

BOSI, E. **Memória e sociedade**: lembrança de velhos. 3. ed. São Paulo: Companhia das Letras, 1994.

CÁCERES, **Lei Municipal nº 2.367/2013**, de 20 de maio de 2013. Programa Cáceres Recicla. Disponível em: https://www.aguasdopantanal.eco.br. Acesso em: mar. 2018.

GADOTTI, M. **Educação de jovens e adultos**: um cenário possível para o Brasil. 2003. Disponível em: https://repositorio.usp.br/item/002393418. Acesso em: 22 ago. 2023.

MARTINS, HHT de S. **O lixo da história**: os restos, o lugar, a memória. São Paulo: Contexto, 2011.

24

REGISTROS E MEMÓRIAS

João Pedro Nascimento Pedroso

Maria Catarina Cebalho

Introdução

Neste trabalho, eu, João Pedro Nascimento Pedroso, apresento as minhas recordações da infância, um período repleto de alegria, travessuras, descobertas, inocência, sonhos e inúmeras brincadeiras. Naquela época, enxergava o mundo com olhos curiosos, maravilhando-me com as coisas mais simples e acreditando em um universo repleto de possibilidades.

O desejo de escrever este relato surgiu durante nossas aulas, que são pedagogicamente diversificadas, temos uma professora que é interdisciplinar e que, apesar de ser alguém com um bom coração, também sabe ser firme quando necessário. Em uma de suas aulas, discutimos o avanço tecnológico e o novo estilo de vida, especialmente no período pós-pandêmico. Foi a partir dessa discussão que surgiu a aspiração de produzir um trabalho que registrasse essa riqueza cultural, mais especificamente as brincadeiras da minha geração, nos anais da II Olimpíada Nacional e da III Mostra Científica de Povos Tradicionais, Quilombolas e Indígenas do Estado de Mato Grosso. O objetivo é que este registro sirva como um testemunho para as próximas gerações, permitindo que as crianças do futuro conheçam as brincadeiras do passado.

Hoje, percebe-se que as crianças muitas vezes não têm interesse em brincar de maneira criativa, uma vez que muitos brinquedos vêm prontos e, consequentemente, limitam sua capacidade de usar a imaginação e criar suas próprias narrativas lúdicas. Essa influência reflete uma mudança nas prioridades da infância, à medida que os entretenimentos digitais passam a ocupar um espaço central, às vezes em detrimento das brincadeiras ao ar livre, da criatividade e do desenvolvimento social. A influência da tecnologia, embora não seja exclusivamente negativa, está claramente impactando a experiência infantil moderna.

Segundo Barbosa (2004, p. 3),

> Atualmente o carro, os eletrodomésticos, as horas em frente à TV ou ao computador criaram uma geração acostumada com as facilidades do mínimo esforço... ocorre, portanto, a indução de hábitos extremamente sedentários, tendência alimentada pela verdadeira sedução das maravilhas oferecidas pela tecnologia.

A maioria das crianças atualmente tem uma rotina em que estudam meio período e, quando não estão envolvidas em outras atividades, acabam passando muito tempo confinadas em casa. Durante esses períodos, frequentemente recorrem à televisão e à internet como fontes de entretenimento e informação.

Metodologia

Como metodologia, realizamos rodas de conversas na sala de aula, que proporcionaram momentos de risos, relembrando as travessuras e presepadas típicas da infância. Além disso, nos dedicamos à leitura, e à busca na memória do meu tempo de criança.

Resultados e discussão

Lembro-me, como se foi ontem, das brincadeiras com meus amigos depois da escola. Chegava em casa por volta das 17h20, comia um lanchinho e imediatamente corria para o portão, ansioso para ver se meus amigos já estavam lá na rua prontos para começar a brincar. Naquela época, a realidade era completamente diferente dos dias de hoje.

Piaget (1976, p. 160) acreditava que o jogo e a atividade lúdica eram meios essenciais pelos quais as crianças exploravam o mundo ao seu redor e construíam seu entendimento.

> O jogo é, portanto, sob as suas duas formas essenciais de exercício sensório-motor e de simbolismo, uma assimilação da real à atividade própria, fornecendo a esta seu alimento necessário e transformando o real em função das necessidades

múltiplas do eu. Por isso, os métodos ativos de educação das crianças exigem todos que se forneça às crianças um material conveniente, a fim de que, jogando, elas cheguem a assimilar as realidades intelectuais que, sem isso, permanecem exteriores à inteligência infantil.

Aqui estão as brincadeiras que nós brincávamos na minha infância

BÉTIS: a brincadeira de Bets era formada por duas duplas, dois tacos (pedaço de ripa ou cabo de vassoura), dois tijolos e uma bola pequena (às vezes era feita de meia; borracha...).

No decorrer do jogo, as equipes tinha duas funções: ataque e defesa. No meio da rua, eram colocados os tijolos a cerca de 10 metros de distância um do outro. Paralelamente a esses tijolos, a aproximadamente 50 cm de distância, era feito um pequeno buraco raso, onde ficava encaixada a ponta do taco. A equipe que segura os tacos é aquela que exerce a função de defensora do tijolo, enquanto a outra equipe tinha a função de acertá-lo. Para marcar pontos, a equipe com os tacos deveria acertar a bolinha e arremessá-la o mais longe possível. Quando a bolinha era lançada para longe, as equipes deveriam trocar de lugar, fazendo movimentos de ida e volta. A cada troca, um ponto era somado. Além disso, as equipes precisavam ficar atentas para que a equipe adversária não derrubasse o tijolo ou colocasse a bolinha no buraco do tijolo (Se a bolinha fosse colocada no buraco do tijolo, a equipe perdia toda a pontuação já conquistada). Se o tijolo fosse derrubado, a equipe que estava com os tacos passava os tacos para os adversários. Essas regras tornavam o jogo ainda mais emocionante e estratégico.

Pique-Esconde: quando o sol se punha, a brincadeira que eu mais gostava era de Pique-Esconde, e digo foi a melhor época da minha vida, eu nem via o tempo passar. O Pique-Esconde começava quando uma criança, chamada de "pegador", fechava os olhos, encostava na parede da casa ou numa árvore, e começava a contar até um número específico em voz alta. Enquanto o pegador contava, as outras crianças procuravam um local onde pudessem se esconder antes que o pegador terminasse de contar. Quando o pegador terminava de contar, ele tinha que encontrar as crianças que estavam escondidas, quando encontrava voltava correndo no lugar onde contou e gritava "pique-esconde". No entanto, as crianças escondidas tinha a oportunidade de se salvarem. Para fazer isso, deveriam retornar ao local onde o pegador começou a contar e bater nesse ponto de partida, dizendo a frase, 1, 2, 3 (nome de quem bateu). Isso salvava da captura pelo pegador. Essa brincadeira era uma ótima maneira de combinar estratégia e diversão.

Futebol na Rua: para o futebol precisávamos de uma bola e 4 pés de chinelos. A rua parecia ser exclusivamente nossa, onde os chinelos faziam os marcadores dos gols. Nossas regras eram simples, os gols não podiam ser largos, não havia goleiros, de onde quisesse, podia chutar, contanto que a pontaria fosse boa kkkk.

Bolinhas de Gude: para brincar de bolinhas de gude era preciso desenhar um triângulo no chão para a área de jogo. Quanto à distribuição das bolinhas, cada jogador deveria ter número igual de bolinhas. As bolinhas eram colocadas dentro do triângulo.

Fazia uma marcação de mais ou menos 2 metros longe do triângulo, onde os jogadores ficavam para fazer as jogadas. O primeiro jogador se posiciona nessa marcação e tenta acertar uma das bolinhas de gude que estão dentro do triângulo usando outra bolinha como atiradora. O objetivo é mover as bolinhas do triângulo sem tocá-las diretamente, se o jogador acertar uma bolinha e ela sair do triângulo, ele continua a jogar, mas caso não acerte passa a vez para outro jogador, assim vai até acabarem as bolinhas do triângulo. O jogador com mais bolinhas no final do jogo era declarado o vencedor. Brincar com bolinhas de gude é uma atividade divertida que envolve estratégia, habilidade e interação social.

Ainda tem uma curiosidade: quem tivesse as bolinhas de aço era o melhor da turma, as bolinhas de aço eram geralmente maiores e mais pesadas do que as bolinhas de vidro, assim eram as mais desejadas pelos jogadores, ter bolinhas de aço era frequentemente um símbolo de prestígio na turma.

Pega Bandeira: é um jogo de equipe ao ar livre que envolve estratégia e perseguição. Precisa de duas bandeiras (ou outros objetos que representam as bandeiras) de cores diferentes. Precisa de um espaço grande (campo de jogo, parque). Para a formação da equipe, os jogadores dividem-se em duas equipes. Cada equipe tem sua própria bandeira, que é colocada em uma extremidade do seu campo. O objetivo do jogo é cruzar o campo da equipe oponente e recuperar a bandeira sem ser tocado. Se uma criança for tocada, ela é obrigada a permanecer imóvel, como se estivesse congelada. A liberação pode ocorrer quando outra criança da mesma equipe consegue tocá-la, sem ser pega pelo adversário.

Considerações finais

Falar sobre as brincadeiras tradicionais é relembrar a minha infância e, ao mesmo tempo, resgatar um pedaço da nossa cultura imaterial regional. As brincadeiras como Pique-Esconde, Futebol de Rua, Apostas e Bolinha de Gude fazem parte desse rico legado cultural. Ao transformá-las em um relato para a II Olimpíada Nacional e III Mostra Científica de Povos Tradicionais, Quilombolas e Indígenas do Estado de Mato Grosso, estou contribuindo para preservar essa herança cultural na história. É uma maneira de garantir que as futuras gerações possam conhecer e apreciar as brincadeiras do passado, mantendo viva a nossa rica tradição lúdica.

Referências

BARBOSA, V. L. P. **Prevenção da obesidade na infância e na adolescência**: exercício, nutrição e psicologia. São Paulo: Manole, 2004.

PIAGET, J. **A epistemologia genética**. Tradução de Nathanael C. Caixeira. Petrópolis: Vozes, 1976.

MEMÓRIAS DE UM MENINO

Marcelo Ferreira Sores Rodrigues

Maria Catarina Cebalho

Introdução

Este texto se refere às memórias de Marcelo Ferreira Sores Rodrigues e das experiências compartilhadas com sua família.

Durante as aulas de Matemática, exploramos uma variedade de temas, inclusive discutindo o legado da valorização familiar. Essa discussão despertou em mim o interesse em criar este trabalho, que visa participar da II Olimpíada Nacional e da III Mostra Científica de Povos Tradicionais, Quilombolas e Indígenas do Estado de Mato Grosso.

Ao abordar a valorização da família, recordo-me da minha infância repleta de brincadeiras, reafirmando a presença de fé, cuidado e amor da minha família.

Bosi (1995) destaca a decadência da arte de contar histórias e a ausência de estímulo aos seus processos de recordação. A autora enfatiza que essa rememoração é essencial para o resgate e a preservação da memória familiar, tornando o papel do passado essencial na formação de identidades.

Relembrar minha infância e a convivência com meus avós, assim como as brincadeiras, e minha jornada escolar, despertou uma nostalgia profunda que me traz imensa saudade.

Metodologia

Como metodologia, optamos por explorar as memórias de família, começando com uma roda de conversa. Durante essa atividade, a professora desenhou uma linha do tempo na lousa e pediu para um colega compartilhar uma lembrança importante de sua vida. A partir dessa linha do tempo, o processo de narração foi sendo desenvolvido.

Além disso, recebemos orientações para realizar leituras e pesquisas em livros, todas supervisionadas pela professora, como um complemento fundamental para enriquecer nossa produção.

Resultados e discussão

Aqui, vamos dividir um pouco da minha infância, um período cheio de brincadeiras, travessuras e responsabilidades, até o momento em que eu me vi um pouco perdido.

> Uma lembrança é um diamante bruto que precisa ser lapidado pelo espírito. Sem o trabalho da reflexão e da localização, ela seria uma imagem frígida. O sentimento também precisa acompanhá-la para que ela não seja uma repetição do estado antigo, mas uma reaparição... (Bosi, 1979, p. 31).

Dessa forma, ao rememorar o passado, as lembranças nunca surgem de maneira didática. Elas estão sempre entrelaçadas com outros indivíduos, já que nas memórias nunca estamos sozinhos.

Até os 5 anos de idade, tive a oportunidade de viver com meus avós em uma chácara. Uma das coisas mais preciosas é o amor incondicional dos avós, que me acolheram como um filho. Na chácara, eu gostava de pescar com meu avô. Além disso, nas proximidades da casa, havia um colégio com uma quadra de futebol, onde eu passava boa parte do tempo caçando passarinhos e correndo na quadra. Também colaborava com meus avós nas tarefas de casa e ajudava na plantação da roça. À noite e nos domingos, participávamos dos cultos na igreja. Sem dúvida, guardo um carinho especial por essa época, que marcou uma fase incrivelmente linda em minha vida.

Uma das lembranças mais emocionantes era quando meus avós me davam dinheiro, eu ia ao mercadinho e fazia minhas compras, adquirindo várias guloseimas. Lembro a alegria das vezes em que saía de casa rumo ao mercadinho, levando apenas R$ 2,00, que naquela época representavam um valor significativo.

Com o passar do tempo, fui morar com minha mãe na cidade de São José dos Quatro Marcos-MT. Na cidade, fiz novas amizades e brincava na rua. Nossas brincadeiras eram soltar pipas, jogar bola, brincar de Bete, também havia muitas outras brincadeiras. Quando comecei a ir para a escola, conheci mais pessoas e fiz outras amizades. Eu gostava muito de levar balas e Coca-Cola e dividir com meus amigos, até mesmo com pessoas que eu não conhecia, saía repartindo balas e Coca-Cola. Tenho muitas saudades desse tempo, tantas coisas boas aconteceram.

Na escola, eu tinha um grande interesse nas matérias de História, Artes, Português e Educação Física. As outras matérias me traziam um pouco de dificuldade, por isso não gostava tanto delas. Quando chegava da escola, tomava um banho e ia almoçar uma deliciosa comida que minha mãe preparava, e depois assistia TV. Realmente, ser criança era algo maravilhoso.

Aos 12 anos, assim como muitos meninos da minha idade, minha vida estava dividida entre os estudos e as brincadeiras. Naquela época, meu sonho era seguir a carreira de jogador de futebol. Cheguei até a frequentar uma escolinha de futebol para aprimorar minhas habilidades. No entanto, durante esse período, também arrumei outras amizades que não eram saudáveis, o que acabou influenciando minhas escolhas. Essas más influências me levaram a abandonar meus treinamentos, e meu sonho de se tornar um jogador de futebol foi substituído por outras aventuras. A partir desse momento, passei a frequentar diferentes ambientes e vivenciar novas experiências.

Quando estava prestes a completar 13 anos, minhas amizades me conduziram por um caminho perigoso. Comecei a envolver-me em atividades equivocadas, mantendo-as escondidas de minha mãe. Aos 14 anos, já estava envolvido com coisas erradas, cometendo atos infracionais, com o desejo de conquistar poder, respeito e ajudar minha família.

Uma lição valiosa que aprendi é que o caminho errado não compensa. Quando você entra nesse mundo, tudo parece fácil, mas ninguém alerta sobre as consequências. Você só percebe quando já está profundamente envolvido. Quando fiz essas escolhas, imaginei que seria mais simples, mas agora vejo que a realidade é completamente diferente. No início, há uma empolgação intensa, você ganha um certo *status*, mas com o tempo as coisas se tornam mais difíceis. Conforme você ganha mais respeito, mais tarefas problemáticas lhe são atribuídas. Aprendi que esse tipo de vida não me serve. Tudo o que consegui com as coisas erradas já se foi. O dinheiro que ganhamos não é abençoado, ele chega facilmente e desaparece da mesma forma.

Diante da situação pela qual passei, os amigos que estavam tão presentes de repente desapareceram, raramente alguns mandavam um abraço, outros simplesmente sumiram como se nunca tivessem cruzado o meu caminho. Essa experiência me fez perceber que, nos momentos das dificuldades, são poucas as pessoas que realmente permanecem.

Cansei de ver as pessoas que amo sofrerem por causa de mim. Hoje quero uma vida melhor, um trabalho digno, fazer minha mãe feliz, proporcionar o melhor para minha avó, e cuidar da minha tia. Enfim, todos aqueles que me estenderam a mão quando precisei.

Considerações finais

Embora a dor de passar por essa situação tenha causado sofrimento, trouxe um aprendizado. Nesta caminhada chamada vida podemos encontrar situações difíceis, mas aprender com os erros é fundamental para crescer e fazer escolhas certas. Tudo isso marcou um ponto crucial na minha vida e, desde então, tenho buscado corrigir meus erros e buscar oportunidades certas para superar os desafios.

Espero que, ao compartilhar minha história na II Olimpíada Nacional e III Mostra Científica de Povos Tradicionais, Quilombolas e Indígenas do Estado de Mato Grosso, outros possam refletir sobre as consequências de suas ações e encontrar caminhos melhores diante das adversidades.

Referências

BOSI, E. **Memória e sociedade**: lembrança de velhos. 3. ed. São Paulo: Companhia das Letras, 1994.

FREIRE, P. **A importância do ato de ler**: em três artigos que se completam. 35. ed. São Paulo: Cortez, 1997.

26

CANDOMBLÉ E CULTURA AFRO-BRASILEIRA: UMA JORNADA PESSOAL DE DESAFIOS E RESILIÊNCIA

Marcos Andrey da Silva Souza

Vanderson Soares da Silva Deluque

Maria Catarina Cebalho

Nághila Cristina Amada da Silva

Introdução

O Candomblé é muito mais do que uma religião é um universo cultural riquíssimo, uma herança da diáspora africana que enriquece profundamente o tecido da sociedade brasileira, com suas tradições ancestrais, rituais vibrantes e profunda conexão com a natureza.

Durante as aulas falamos de diversos assuntos, inclusive sobre a diversidade cultural, e assim veio o interesse em escrever este trabalho sobre nossa religião para participar da II Olimpíada Nacional e III Mostra Científica de Povos Tradicionais, Quilombolas e Indígenas do Estado de Mato Grosso.

Quando discutimos cultura, é comum lembrarmos das experiências que vivenciamos em diversos contextos. Em nossa trajetória pessoal, uma vivência que se destaca é a nossa participação no Candomblé. Momentos que, para nós, são considerados uma manifestação rica, um tesouro que transcende a materialidade e se enraíza profundamente na nossa crença enriquecendo nossa compreensão da diversidade e da conexão entre o sagrado e o humano.

Segundo Cruz, Menezes e Pinto (2018), considera-se cultura imaterial as manifestações culturais populares, lendas, festejos tradicionais, rituais, costumes, crenças que uma sociedade pratica. O Candomblé é uma religião que expressa a cultura imaterial, enraizada em tradições ancestrais que continuam a enriquecer nossa compreensão da diversidade cultural e espiritualidade.

Para tornar-se filho de santo é necessário passar por uma série de desafios e rituais de iniciação, parte fundamental da religião. Uma jornada espiritual de grande significado, com comprometimento e fé. Esses rituais e desafios fortaleceram a conexão espiritual com os orixás e as divindades do Candomblé.

Metodologia

O nosso trabalho iniciou-se durante as aulas, com uma roda de conversa sobre o tema Diversidade Cultural. Também houve leituras e pesquisas em livros e sites. Buscamos nas memórias os desafios enfrentados pelos seguidores do Candomblé. A partir desse trajeto, iniciamos a escrita do nosso trabalho.

Resultados e discussão

Neste ano de 2023, completamos vinte anos de criação e implementação da Lei n.º 10.639/03 e ainda presenciamos atitudes racistas e preconceituosas com as religiões de matrizes africanas.

Segundo Carvalho (2007), alguns traços se perdem, outros se adicionam, com o passar do tempo, a velocidade irá variar, de acordo com a sociedade, isso porque a cultura não é estática, tampouco as manifestações culturais. A autora ressalta um ponto importante sobre a evolução da cultura e das manifestações culturais ao longo do tempo. Conforme a sociedade muda, certos aspectos culturais podem se perder, enquanto outros são aumentados. Além disso, a velocidade das mudanças culturais pode variar de acordo com as transformações sociais.

Neste espaço, eu, Marcos Andrey, falarei um pouco da minha crença e trajetória no Candomblé. Comecei a frequentar o terreiro por influência da minha mãe, tinha aproximadamente 14 anos. Certo dia, um culto de Orixá despertou minha curiosidade e desejo de aprender mais sobre o

Candomblé. Com passar do tempo, me identifiquei com a religião e nela permaneço até os dias de hoje. Nesse sentido, para conhecimento do leitor, estarei apresentando algumas curiosidades do Candomblé com a intenção de quebrar preconceitos existentes da nossa crença:

- **Consulta ao jogo de búzios**: primeiro passo se torna um Abia (iniciante), nessa fase passa por uma consulta ao jogo de búzios para saber qual é o seu Orixá (santo), isso é fundamental para orientar o desenvolvimento espiritual e as práticas religiosas posteriores.
- **Conhecer o Orixá que carrega**: essa fase é para virar um Yao/Homorixa (uma pessoa iniciada no Orixá), nesse período é conhecer qual Orixá a pessoa carrega em seu caminho – eu, por exemplo, sou regente do Orixá Ogum e Yonsa. Mas isso não isenta do compromisso de ter conhecimentos de outros Orixá.
- **O processo de desenvolvimento**: no processo de desenvolvimento da mediunidade e incorporação é um aspecto importante da jornada espiritual no Candomblé incluir o aprendizado de cânticos, danças, rituais e aprofundamento nas tradições específicas do Orixá identificado. A duração desse processo pode variar de pessoa para pessoa e depende muito da evolução espiritual de cada indivíduo dentro do terreiro.
- **Etapa de se tornar um Yaô ou Homorixá**: são pessoas iniciadas no culto a um Orixá específico. Durante esse processo, é crucial conhecer, isso envolve um aprofundamento nas práticas, rituais e conhecimentos associados a essas divindades.
- **Após nossa preparação**: sendo um membro do Candomblé, por inúmeras vezes sofremos discriminação. Passamos por momentos desagradáveis por estar usando a guia (colar que representa o santo) ou por conta da vestes. Quando chegamos aos lugares, percebemos preconceito e, em diversas situações, temos que sair do local onde estamos porque somos motivo de piadas ou comentários racistas do tipo: "olha o macumbeiro, sai de perto da macumba", ainda dizem para não levar minha filha no terreiro, alegando que não há a existência de Deus (bem), mas a do demônio (mal). Infelizmente, até mesmo no seio familiar, ou colegas próximos, vivenciamos discriminação.

Por falta de conhecimento, muitas pessoas acreditam que quem frequenta a religião de Umbanda ou Candomblé recebe domínio da maldade e que não predomina o bem. Alegam que no nosso espaço predominam homossexuais e não heterossexuais, e essa forma de pensar é preconceito aos homossexuais, que já enfrentam julgamentos em nossa sociedade. Dizem que nossas comidas são feitas para oferecer para o demônio, e que os sacrifícios que fazemos é para o mal. Há necessidade de evitar julgamentos precipitados sobre algo ou alguém antes de obter um entendimento adequado. Muitas vezes, as pessoas podem formar opiniões errôneas com base em estereótipos ou falta de conhecimento, o que pode levar a preconceitos e discriminação injustas.

Devido a discriminação enfrentada, com nosso pai de Santo, participamos de diversas palestras com objetivo de explicar a origem do Candomblé, seus aspectos gastronômicos e o significado das vestimentas ritualísticas. Além disso, enfatizávamos que, para os praticantes do Candomblé, Deus ocupa um lugar central em suas vidas. É por essa razão que os rituais são realizados com portas fechadas, para que possam ser compreendidos por aqueles que desejam conhecer, em vez de serem julgados por aqueles que não têm conhecimento prévio.

Considerações finais

O Candomblé é uma religião rica em tradições e rituais, e nosso comprometimento com o aprendizado e o respeito pelas práticas religiosas não faz acepção de sexo, cor, orientação sexual ou qualquer outra característica. Para nós, todos são iguais, independentemente de serem heterossexuais, homossexuais, cristãos, evangélicos, maçons ou de qualquer outra fé. O que mais valorizamos é manter o respeito e aceitar as diferentes opiniões de cada um. Apesar de enfrentarmos marginalização e críticas de pessoas que desconhecem nossa religião, optamos por não cultivar o ódio. Em vez disso, respeitamos o espaço alheio e compreendemos as críticas. Como meu pai de santo costumava dizer, eu, Marcos Andrey, também afirmo: "Tenho minhas crenças, você tem as suas. Eu te respeito, e você me respeita. Tenho minha cultura, você tem a sua. Tenho minha obediência espiritual, e você tem a sua. Amo minha religião, tenho muito orgulho de ser candomblecista e de ser descendente da matriz africana".

Para finalizar, deixaremos uma breve reflexão: precisamos desconstruir inúmeras atitudes racistas, que de certa forma nos acompanham ou até mesmo ajudamos a construir. Uma das maneiras é conhecer o que nos causa incômodo/estranheza na cultura e na história do outro, o que pode ser diferente do nosso olhar de vida. É por isso que temas como esses dão acesso a conhecimento e abrem caminhos para o respeito e valorização. As coisas só passam a ter sentido quando passamos a compreender como elas são. Nelson Mandela escreveu: "Ninguém nasce odiando outra pessoa pela cor de sua pele, por sua origem ou ainda por sua religião. Para odiar, as pessoas precisam aprender, e se podem aprender a odiar, elas podem ser ensinadas a amar" Por isso, devemos amar e respeitar todas as pessoas, independentemente de sua cor, raça ou etnia, somente quando praticarmos esses valores, teremos um país melhor e mais igualitário.

Referências

CARVALHO, S. V. C. B. R. "Manifestações culturais". *In*: GADINI, S. L.; WOLTOWICZ, K. J. (org.). **Noções básicas de Folkcomunicação**. Ponta Grossa, PR: UEPG, 2007. p. 64-66.

CRUZ, M. S. R.; MENEZES, J. S.; PINTO, O. Festas Culturais: Tradição, Comidas e Celebrações. *In*: ENCONTRO BAIANO DE CULTURA – EBECULT, 1., Salvador, Bahia, 11 de dezembro de 2008.

FREIRE, P. **A importância do ato de ler**: em três artigos que se completam. 35. ed. São Paulo: Cortez, 1997.

27

CULTURA E DEVOÇÃO: A FESTA DO CONGO EM VILA BELA DA SANTÍSSIMA TRINDADE, MT

Vagner Augusto Nunes Cipriano

Fagner Matheus Mello Assis

Maria Catarina Cebalho

Introdução

O presente trabalho é resultado das memórias que remontam às vivências relacionadas à Dança do Congo, realizada em Vila Bela da Santíssima Trindade. A dança simboliza a resistência dos negros que continuaram na região após a transferência da capital do estado para Cuiabá. Vila Bela foi selecionada como a primeira capital de Mato Grosso, com um plano urbanístico elaborado em Portugal, e desempenhou um papel estratégico na disputa de território entre portugueses e espanhóis.

Durante as aulas de Matemática, não falamos apenas de cálculos, mas também exploramos extensamente a cultura. Foi durante essas discussões que surgiu o nosso interesse em escrever este trabalho, com o objetivo de participar II Olimpíada Nacional e III Mostra Científica de Povos Tradicionais, Quilombolas e Indígenas do Estado de Mato Grosso.

A Festa do Congo faz parte da nossa cultura e pode ser considerada uma manifestação da cultura imaterial, pois engloba elementos intangíveis, como tradições, rituais, música, dança e outras expressões culturais transmitidas de geração em geração. Conforme mencionado por Cruz, Menezes e Pinto (2008), a cultura imaterial engloba uma ampla variedade de expressões culturais que não são físicas.

A celebração dedicada ao Congo mostra o comprometimento da comunidade em manter viva essa tradição. Revela como o profano e o sagrado se entrelaçaram para esses povos, que vêm de várias etnias e praticam diferentes rituais, num contexto marcado pelo catolicismo.

Como clama a canção *Aquarela do Brasil*, 'ô, abre a cortina do passado, tira a mãe preta do Cerrado, bota o Rei Congo no Congado, deixa cantar de novo o trovador...' (Composição de Ary Barroso).

A letra de música faz parte de uma canção que evoca a ideia de relembrar, reviver e celebrar elementos culturais e históricos relacionados à cultura afro-brasileira. Nesse contexto, "abrir a cortina do passado" sugere a ideia de revelar a história e a cultura que podem ter sido esquecidas ou ocultadas. "Tira a mãe preta do Cerrado" se refere à importância de reconhecer a contribuição das mulheres negras, especialmente aquelas que viviam na região.

A dança do Chorado, de ascendência africana e característica de Vila Bela da Santíssima Trindade, teve sua origem no período colonial. Durante esse período, escravos fugitivos ou que cometiam infrações eram frequentemente presos ou punidos por seus senhores. Seus entes queridos buscavam obter o perdão e a libertação por meio da dança do Chorado. Muitas vezes, essas súplicas foram atendidas. As mulheres escravizadas dançavam em frente aos seus senhores, oferecendo-lhes kanjinjim (uma bebida local), contida em garrafas equilibradas sobre suas cabeças.

A dança do Congo apresenta representações artísticas do confronto entre os reinos do Congo e Bamba, que são encenadas em forma de teatro e por meio da própria dança, é uma dramatização de uma luta simbólica entre dois reinos africanos, que acontece sempre em julho. Nessa encenação, o Embaixador de outro reino solicita a mão da filha do Rei do Congo em casamento e, ao ter o pedido negado, declarar guerra ao pai da amada.

A descrição dos personagens e de suas indumentárias na Dança do Congo é fascinante e ilustra a riqueza e a simbologia da celebração. Os elementos ornamentados, como os mantos, coroas e bastões coloridos com flores, revelam a nobreza na dança.

Os soldados, com suas espadas, capacetes adornados com penas, flores, fitas e o cantil contendo Kanjinjim, bebida para estimular os dançantes que desempenham um papel fundamental na coreografia. Ainda tem a presença de flores nas indumentárias, que servem para reverenciar São Benedito, e a maneira como as fitas são usadas para representar o oratório do santo, mesmo quando os personagens não podem ficar próximos a ele durante uma dança.

Durante os dias de celebrações, os soldados dança sob o árido sol ou nas manhãs frias. Eles cantam e tocam instrumentos enquanto marcham pelas ruas da cidade, indo de casa em casa para buscar e deixar os festeiros. Durante essas jornadas, as pausas são feitas para vigorosas refeições, que são oferecidas pela Rainha do Congo a toda a comunidade, de forma indiscriminada, demonstrando a generosidade e a importância da partilha na cultura.

Metodologia

A metodologia que adotamos envolveu a experiência vívida nas festividades em que participamos na Festa do Congo, com a leitura e pesquisa em livros disponíveis, tudo isso sob a orientação da professora. Essa abordagem combinou a vivência pessoal com a pesquisa escolar, permitindo uma compreensão mais abrangente e rica da tradição da Festa do Congo em Vila Bela da Santíssima Trindade.

Resultados e discussão

Aqui, apresentaremos um pouco de como acontece a Festa do Congo em Vila Bela da Santíssima Trindade. O evento inicia-se às 5 horas da manhã da véspera do Dia de São Benedito, à noite tem a reza cantada e queima de fogos na casa da Imperatriz, onde são servidos aos convidados chicha (bebida feita à base de milho) e bolacha africana, que é feita de trigo com açúcar e sal. Os participantes envolvem-se efetivamente no evento, cantando e marchando ao som de instrumentos como o ganzá, o bumbo e o cavaquinho, que são tocados pelos músicos-soldados. Além de sua dimensão artística, os dançarinos têm a função de proteger os festeiros, que incluem o Rei, a Rainha, o Juiz e a Juíza, que carregam objetos sagrados. As promesseiras também fazem parte do cortejo, levando flores em homenagem a São Benedito.

No segundo dia da Festança, acontece o levantamento dos mastros. Uma procissão visita as casas dos convidados, seguindo até a frente da igreja, onde os mastros serão erguidos. Há um simbolismo especial nesse dia, quando o mastro é colocado, o lado para o qual ele se inclina indica a posição do novo rei.

No terceiro dia, à meia-noite, celebra-se a Alvorada do Divino e de São Benedito com fogos de artifício. Os festeiros e devotos percorrem as ruas da cidade, dançando e cantando. Como gesto de agradecimento pela calorosa recepção, eles compartilham licores e Kanjinjim com as casas locais, demonstrando gratidão e solidariedade.

No quarto dia da festa, inicia-se na casa da Imperatriz, com a participação dos festeiros da irmandade e da comunidade, a ladainha e a reza é cantada. Neste dia, também acontece a Noite Cultural, que inclui apresentações de grupos de dança, recitação de poesias e show na Praça da Igreja. A diversidade de atividades culturais nesse dia acrescenta ainda mais riqueza à celebração.

No quinto e último dia da Festança do Congo, a tão esperada Dança do Congo é o ponto alto. O dia começa com uma missa em homenagem ao Divino Espírito Santo na Igreja Matriz. A Dança do Congo envolve uma caracterização da marcha dos soldados, com movimentos que incluem um pulso vertical dos corpos, gestos dos braços empunhando espadas e o ritmo dos pés, seja dançando ou caminhando, criam uma sensação de marcha. Posteriormente, a comunidade e todos os participantes se reúnem para um almoço no Centro Comunitário. À noite, a Imperatriz organiza um jantar festivo, marcando o encerramento da celebração com essa refeição especial.

A festa reforça os laços comunitários e religiosos, unindo a comunidade em torno dessas festividades tradicionais. O que descrevemos nesta produção não transmite completamente o sentimento que permeia esses dias de festa. Convidamos você a visitar nossas belas celebrações e vivenciar de perto a demonstração vívida da devoção religiosa. Sua presença enriquecerá a experiência cultural da nossa comunidade

Considerações finais

Falar sobre a Festa do Congo é nos conectar com a história, é retratar um pouco de nossa cultura regional imaterial, destacando as comidas, bebidas típicas e as danças, como o Congo e o Chorado. Ao relatar isso em forma de texto para a II Olimpíada Nacional e III Mostra Científica de Povos Tradicionais, Quilombolas e Indígenas do Estado de Mato Grosso, estamos contribuindo para registrar na história a riqueza cultural de Vila Bela. Essas festividades são uma parte essencial de nossa herança cultural e merecem ser celebradas e preservadas para as gerações futuras.

Referências

CRUZ, M. S. R.; MENEZES, J. S.; PINTO, O. Festas Culturais: Tradição, Comidas e Celebrações. *In*: ENCONTRO BAIANO DE CULTURA – EBECULT, 1., Salvador, Bahia, 11 de dezembro de 2008.

BARROSO, A. **Aquarela do Brasil**. Disponível em: https://www.letras.mus.br/ary-barroso/163032/. Acesso em: 6 out. 2023.

ND
A DOCE TRADIÇÃO DO BOLO DE ARROZ DE DONA REGINA EM CÁCERES-MT

Yasmim de Brito Teixeira

Maria Clara Cebalho Nunes

Maria Catarina Cebalho

Introdução

A tradição do bolo de arroz de Dona Regina, com mais de 50 anos, é um patrimônio culinário da cidade de Cáceres, situada às margens do rio Paraguai e na fronteira com a Bolívia, no sudeste de Mato Grosso, ela faz parte da microrregião do Alto Pantanal e da mesorregião do Centro-Sul Mato-Grossense, localizada a 215 km da capital, Cuiabá.

A produção deste bolo é uma herança familiar que remonta às raízes familiares da tataravó de Dona Regina. Essa tradição passou de geração em geração até chegar a Dona Regina, que começou a ajudar sua avó, Dona Catarina, a fazer o bolo de arroz quando tinha aproximadamente 10 anos de idade. Ela aprendeu o segredo dessa receita especial com sua avó e vem mantendo viva essa tradição ao longo dos anos.

Freyre (2007, p. 32) destaca a ideia de que as receitas tradicionais, muitas vezes mantidas como segredos de família, representam uma forma de arte culinária que resiste ao teste do tempo.

> [...] através das receitas – algumas delas segredos de família –, é uma arte que resiste a seu modo ao tempo, repetindo-se ou recriando-se, com a constância das suas excelências e até de suas sutilezas de sabor; afirmando-se por essa repetição ou por essa recriação. Numa velha receita de doce ou de bolo há uma vida, uma constância, uma capacidade de vir

> vencendo o tempo sem vir transigindo com as modas nem capitulando, senão em pormenores, ante as inovações, que faltam às receitas de outros gêneros. Às receitas médicas, por exemplo. Uma receita médica de há um século é quase sempre um arcaísmo. Uma receita de bolo do tempo do padre Lopes Gama ou de doce dos dias de Machado de Assis que se tenha tornado um bolo ou um doce clássico – como o sequilho do padre ou o doce de coco do romancista continua atual, moderna, em dia com o paladar, se não humano, brasileiro.

A citação ressalta a importância das tradições culinárias na preservação da cultura e das identidades culturais, além de mostrar como essas receitas mantêm sua relevância ao longo do tempo.

A escrita deste trabalho, com o intuito de participar da II Olimpíada Nacional e III Mostra Científica de Povos Tradicionais, Quilombolas e Indígenas do Estado de Mato Grosso, visa registrar na história o trabalho magnífico realizado por Dona Regina. É uma maneira de garantir que as gerações futuras conheçam a tradição culinária desse delicioso Bolo de Arroz, que é considerado o mais saboroso da nossa cidade e que perdura há décadas.

Metodologia

Como metodologia, realizamos pesquisas de campo, participamos de rodas de conversa e realizamos leituras em material impresso e em formato PDF, com orientação da professora.

Resultados e discussão

No início, a produção do bolo era um processo artesanal, desde a moagem do fubá de arroz socado no pilão até a preparação da massa de mandioca utilizando um ralo artesanal. Com o avanço tecnológico, Dona Regina também modernizou sua produção. Agora ela conta com um moinho elétrico para moer a mandioca e o arroz para fazer o fubá. No entanto, o que ainda não mudou foi a forma de assar o bolo, que continua a ser feito no tradicional forno de barro.

Sobre isso, Carvalho (2007) destaca a natureza dinâmica das tradições culturais. Ela aponta que as tradições estão em constante evolução, o que pode envolver a perda de alguns elementos ao longo do tempo e a incorporação de novos. Isso reflete a adaptabilidade da cultura, que não é estática, mas sim moldada pelas transformações que ocorrem em seu ambiente.

O processo de preparação do bolo do dia começa às 3h30 da madrugada. É importante destacar que algumas etapas do bolo são preparadas na véspera, e a massa do bolo fica descansando por 12 horas. Durante a madrugada, inicia-se o processo de assar nos enormes fornos de barro, o que deixa um sabor todo especial.

Às 6 horas da manhã, já tem bolos quentinhos e deliciosos prontos para serem saboreados. Não demora muito, os vendedores ambulantes chegam e organizam seus bolos nas caixas de isopor, prontos para sair pelas ruas de nossa cidade e vendê-los.

Figura 1 – Forno onde é assado o Bolo de Arroz

Fonte: pesquisa de campo (2023)

Cada um deles utiliza sua própria abordagem de venda, muitas vezes usando suas vozes para anunciar as vendas, gritando como "Olha o Bolo de Arroz". Muitos encontraram nessa atividade uma forma de sustentar suas vidas, comercializando os bolos feitos por Dona Regina.

Além disso, a boleira tem seus clientes fiéis, que incluem soldados do Gefron, militares do Exército, policiais militares e outras pessoas não civis. Os militares costumam passar por sua casa logo ao amanhecer para saborear um bolo, e quando têm missões mais longas, encomendam bolos para levar aos acampamentos. A casa de Dona Regina é frequentada por várias pessoas.

Além da família de Dona Regina, que obtém seu sustento com a produção do bolo de arroz, várias outras famílias também dependem dessa tradição para ganhar a vida. Na produção do bolo tradicional, que envolve muitas etapas e requer paciência, a família trabalha em conjunto, incluindo o sobrinho, as noras e o esposo, contribuindo com todos para o processo de produção dos bolos.

Essa é um pouco da história do Bolo de Arroz da Dona Regina, uma das delícias da nossa cidade. Nós, como filhas da terra, desde muito pequeninas também somos consumidoras fiéis dessa preciosidade culinária.

Considerações finais

Ao documentarmos essa tradição em um texto para a II Olimpíada Nacional e III Mostra Científica de Povos Tradicionais, Quilombolas e Indígenas do Estado de Mato Grosso, estamos fazendo um importante registro histórico dessa herança cultural que é tão significativa para nossa cidade. A narrativa não destaca apenas a importância de preservação das tradições culinárias e culturais, mas também permite que outras pessoas conheçam e apreciem essa parte única da cultura local. Ao compartilhar essa história, estaremos contribuindo para a valorização e preservação das tradições regionais, garantindo que elas sejam transmitidas às futuras gerações.

Referência

CRUZ, M. S. R.; MENEZES, J. S.; PINTO, O. Festas Culturais: Tradição, Comidas e Celebrações. *In*: ENCONTRO BAIANO DE CULTURA – EBECULT, 1., Salvador, Bahia, 11 de dezembro de 2008.

FREYRE, G. **Açúcar**: uma sociologia do doce, com receitas de bolos e doces do Nordeste do Brasil. São Paulo: Editora Global, 2007.

29

FESTA DE SANTOS REIS NA CIDADE DE ARAPUTANGA-MT

Zulmiro Ribeiro Lopes Junior

Rosa Amparo Para Lopes

Maria Catarina Cebalho

Introdução

O presente trabalho é resultado das memórias que tenho desde a infância sobre a Festa de Santos Reis, uma tradição de família que foi celebrada por muitas gerações em minha cidade natal, Araputanga-MT.

Durante nossas aulas de Matemática, exploramos diversos assuntos, incluindo estatísticas culturais. Foi durante essas discussões que surgiu o interesse em escrever este trabalho, com o objetivo de participar da II Olimpíada Nacional e da III Mostra Científica de Povos Tradicionais, Quilombolas e Indígenas do Estado de Mato Grosso, com a intenção de preservar e compartilhar essa rica tradição para que ela não caia no esquecimento.

As festas em honra aos santos podem ser consideradas parte da cultura imaterial. De acordo com a definição de Cruz, Menezes e Pinto (2018), a cultura imaterial engloba as manifestações culturais populares, lendas, festejos tradicionais, rituais, costumes e crenças que uma sociedade pratica. Essas celebrações representam não apenas uma herança cultural, mas também a expressão da identidade de um povo.

Essa festa foi realizada pela minha família, começando com meus bisavós, passando para meus avós e, posteriormente, para meus pais. No entanto, com o falecimento do meu pai, minha mãe entrou em consenso com minha família e decidimos não dar continuidade à celebração.

Sobre isso, Carvalho (2007) afirma que alguns traços se perdem, outros se adicionam, com o passar do tempo, a velocidade irá variar, de acordo com a sociedade, isso porque a cultura não é estática, tampouco as manifestações culturais.

É importante reconhecer que essas práticas culturais podem evoluir para atender às necessidades e às dinâmicas da sociedade contemporânea, a cultura não é estática e está constantemente sujeita a mudanças, adaptações e incorporações de novos elementos.

Ainda assim, minha mãe continua participando do encontro dos devotos da Folia de Reis na cidade de São José dos Quatro Marcos-MT, que se tornou um polo regional para o encontro anual dos foliões. Esse evento foi fundado pelo Sr. Fidélis José de Souza, uma figura que permanece viva em nossa memória.

Metodologia

Como metodologia, buscamos nas memórias de família a origem da tradição de celebrar a Festa de Santos Reis. Além disso, conduzimos leituras e pesquisas em livros, com orientação da professora. Essa abordagem nos permitiu reunir informações valiosas para a realização deste trabalho.

Resultados e discussão

Aqui apresentaremos um pouco de como a minha família realizava a festa de Santos Reis. A homenagem ao Santo era concretizada no mês de janeiro de todos os anos, sob a organização da nossa família e toda a comunidade.

A Festa de Santos Reis é uma das celebrações mais antigas que existem, mas atualmente está sendo esquecida pelas novas gerações. As pessoas costumavam fazer promessa ao Santo quando enfrentavam enfermidades que nenhum remédio conseguia curar. Elas faziam a promessa dizendo que, se a pessoa fosse curada, realizariam a Festa de Santos Reis, e a família se tornaria devota de Santo Reis.

Uma semana antecedente ao dia da festa, durante sete dias, os foliões percorriam as regiões, fazendo visita às casas daqueles que eram devotos de Santos Reis, também daqueles que não eram devotos, mas aceitavam a visita dos foliões. O objetivo dessas visitas era cantar e rezar em homenagem a Santos Reis e a Deus nosso Pai. Dias marcados por intensa devoção e celebração, antecedendo a festa principal. Durante as visitas dos foliões, eles recebiam doações de prendas essenciais para a realização da festa. Essas doações incluíam itens como porcos, galinhas, vacas, farinha de trigo, arroz, enfim tudo que seria necessário para preparar as refeições servidas durante a festividade. Pode-se afirmar que cerca de 90% dos produtos utilizados eram provenientes dessas doações generosas. Essa jornada acontecia diariamente, começando bem cedo e se estendendo até tarde da noite, durante sete dias consecutivos antes da grandiosa festa. No entanto, mesmo com todo esse esforço, muitas pessoas não recebiam a visita dos foliões em suas casas, por conta da quantidade de moradores que tinha na região.

Na véspera do grande dia, reuniam cerca de 30 pessoas ou até mais, que se encarregavam dos preparativos. Entre as tarefas, a confecção das bandeirinhas e das flores de papel que eram usadas para enfeitar os três arcos tradicionais pelos quais os foliões passavam, entoando cânticos em homenagem aos Santos. Nesse processo de preparação, os homens assumiam a responsabilidade pela matança dos animais, a média de abatimento de boi era de sete a oito cabeças, e as mulheres ficavam responsáveis por cortar as carnes que seriam assadas para o grandioso almoço oferecido.

O espírito comunitário estava profundamente entrelaçado com a tradição religiosa, unindo as pessoas em torno da celebração. Com muita dedicação e carinho, diversas iguarias, incluindo bebidas, biscoitos, doces, pipocas e outros, eram preparadas nos dias que antecediam a festa.

O dia da festança era repleto alegria e devoção, quando os foliões chegavam à festa, passavam pelos três arcos preparados, simbolizando os três reis. No último arco, o rei e a rainha já aguardavam os anfitriões.

Essa festividade deixou várias lembranças especiais, como os sete dias de visitas às casas, a assagem de carne que se iniciava à meia-noite de domingo e se estendia até o horário do almoço A quantidade de visitantes que chegou a mais de 5.000 por festa, a cooperação e dedicação das pessoas para o acontecimento do evento.

Após o falecimento de meu pai, minha mãe optou por não dar continuidade à festa. Compreendemos que a ausência dele poderia tornar esse momento difícil e doloroso para nossa família. É sabido que cada pessoa lida com uma perda de maneira única e pessoal, sendo uma decisão que deve ser respeitada. No entanto, se, em algum momento no futuro, nossa família decidir retomar essa tradição ou encontrar uma forma de celebrar de maneira significativa e reconfortante para todos, isso poderá ser uma maneira de honrar a memória de meu pai e preservar a herança cultural associada à festa de Santos Reis.

Considerações finais

Essa devoção que foi transmitida ao longo das gerações em minha família enfrenta o risco de ser esquecida. Compreendemos a importância de preservar essa tradição para manter viva a cultura e o espírito comunitário que ela representa para nós. Ao compartilharmos essa história em formato de texto para a II Olimpíada Nacional e III Mostra Científica de Povos Tradicionais, Quilombolas e Indígenas do Estado de Mato Grosso, estamos contribuindo para preservar e registrar essa preciosidade cultural permitindo que as gerações futuras conheçam e valorizem nossas raízes.

Referências

CARVALHO, S. V. C. B. R. "Manifestações culturais". *In*: GADINI, S. L.; WOLTOWICZ, K. J. (org.). **Noções básicas de Folkcomunicação**. Ponta Grossa, PR: UEPG, 2007. p. 64-66.

CRUZ, M. S. R.; MENEZES, J. S.; PINTO, O. **Festas Culturais**: Tradição, Comidas e Celebrações. *In*: ENCONTRO BAIANO DE CULTURA – EBECULT, 1., Salvador, Bahia, 11 de dezembro de 2008.

30

JUVENTUDE E CAPOEIRA NAS AULAS DE EDUCAÇÃO FÍSICA: UMA EXPERIÊNCIA DE MOVIMENTO E CULTURA AFRO-BRASILEIRA

Marcelo Moreira de Andrade

Alisson Firmino

Maria Catarina Cebalho

Introdução

Durante as aulas exploramos uma variedade de assuntos, inclusive discussões culturais. Foi nesse contexto de troca de saberes que surgiu nosso interesse em escrever um trabalho centrado na capoeira com o propósito de participar da II Olimpíada Nacional e da III Mostra Científica de Povos Tradicionais, Quilombolas e Indígenas do Estado de Mato Grosso.

A capoeira surgiu nas comunidades de descendentes de africanos no Brasil durante o período colonial como forma de manifestação dos povos escravizados, tornando-se uma parte intrínseca de suas vidas, como ideologia de liberdade.

A perseguição à capoeira ocorreu em diversos momentos da história do Brasil. Sua origem remonta ao período da escravidão, quando os africanos trazidos como escravos desenvolveram essa forma de autodefesa. Segundo Mello (1996, p. 32),

> [...] essa prática se dava de maneira clandestina, pois, uma vez que ela era utilizada como arma de luta, os senhores-de-engenho passaram a coibi- la veementemente, submetendo a terríveis torturas todos aqueles que a praticassem.

Os escravizados desenvolveram técnicas que trouxeram da sua cultura, para disfarçar a capoeira, muitas vezes apresentada como uma dança inofensiva ou uma forma de entretenimento, a fim de evitar a detecção e repressão por parte dos senhores. Isso permitiu que a capoeira fosse praticada de forma encoberta, preservando sua importância cultural e histórica, e muito perseguida e criminalizada pelas autoridades, em parte devido ao seu forte vínculo com as comunidades afro-brasileiras e à resistência à opressão. Santos (1990, p. 19) explica que, "para assegurar a sobrevivência da capoeira naquela época, os capoeiristas, quando na presença dos senhores de engenho, praticavam-na em forma de brincadeira, quando, na verdade, estavam treinando".

Além de ser uma forma de autodefesa, a capoeira também é uma manifestação cultural que representa a resistência e a história da comunidade afro-brasileira. Ela desempenhou um papel importante na preservação da cultura e da identidade das pessoas de ascendência africana no Brasil ao longo dos séculos.

O berimbau, além de sua função de dar ritmo à capoeira, era usado como meio de comunicação entre os praticantes. Esse instrumento era usado para anunciar a chegada de um feitor, informando que era hora de transformar a luta em dança ou de interromper a prática da capoeira devido à presença de autoridades nas senzalas.

Metodologia

Como metodologia, buscamos nas memórias da nossa infância momentos que foram marcados por muitas brincadeiras, alegrias e atividades no grupo de capoeira, além das leituras e pesquisas em livros, as quais foram orientadas pela professora.

Resultados e discussão

Neste relato, compartilharemos como a capoeira entrou em nossas vidas. O primeiro contato foi quando éramos estudantes da Escola Municipal Luís Maria de Lima, na cidade de Jauru, MT.

Na nossa adolescência tivemos a oportunidade de conhecer e aprender sobre a rica cultura da capoeira. Durante as aulas de Educação Física, o professor Paulo nos ensinava sobre esta arte. No início tínhamos apenas aulas teóricas, e a cada aula mais curiosidade em descobrir sobre a arte. Depois de certo tempo, o professor nos ensinou na prática os principais elementos da capoeira.

A capoeira é praticada num formato de roda, onde os participantes formam um círculo e alternam entre jogar, ou seja, interagir dentro da roda, e assistir os outros jogadores. A roda é um espaço onde os praticantes demonstram suas habilidades em um ambiente de respeito e camaradagem.

Entre esses ensinamentos aprendemos como movimentar o corpo (ginga), o movimento é parte fundamental da capoeira, uma espécie de balanço rítmico que os praticantes usam para se mover pelo espaço e se preparar para os movimentos de ataque e defesa.

Santos afirma que, com o passar dos tempos, os nossos colonizadores perceberam o poder fatal da capoeira, proibindo-a e rotulando-a de 'arte negra' (1990, p. 34). Isso demonstra como a capoeira era praticada de maneira secreta e adaptada pelos escravos, com o intuito de precaver contra possíveis punições.

Ainda aprendemos sobre as acrobacias, os impressionantes saltos mortais, piruetas e movimentos aéreos, que não apenas acrescentam um elemento espetacular à prática, mas também são usadas como parte das estratégias de luta. Além disso, o reconhecimento da música é uma parte essencial da capoeira. Geralmente, um grupo de músicos toca instrumentos durante as rodas de capoeira, o ritmo ajuda a definir a energia e dinâmica da roda.

A capoeira possui uma variedade de movimentos e ataques que incluem chutes, esquivas, rasteiras e golpes acrobáticos. Os praticantes devem ser ágeis e flexíveis para executar esses movimentos de forma eficaz. Tudo isso requer certos equipamentos, roupas e instrumentos.

As roupas incluem calças largas e leves, conhecidas como "abadas", e camisetas. Essas roupas permitem movimentos fluidos e conforto durante a prática. A capoeira tem uma grande presença em todo o mundo e é praticada por pessoas de diversas origens e idades. Ela é uma forma única de expressão, que combina arte, esporte e cultura, e é apreciada por sua beleza e características.

Considerações finais

Falar sobre a capoeira é, de fato, relembrar as lutas e conquistas de nossos antepassados, bem como celebrar e preservar a riqueza da cultura afro-brasileira e imaterial regional. Registrar essa herança cultural por meio de um texto para a II Olimpíada Nacional e III Mostra Científica de Povos Tradicionais, Quilombolas e Indígenas do Estado de Mato Grosso é uma forma significativa de contribuir para a preservação e divulgação desse patrimônio cultural do Brasil.

Referências

MELLO, A. da S. Esse nego é o diabo, ele é capoeira ou da motricidade brasileira. **Revista Discorpo**, São Paulo, n. 6, p.29-39, 1996.

SANTOS, L. S. **Educação Física**: capoeira. Maringá: Imprensa Universitária, 1990.

SOBRE OS AUTORES

Adjair Luiz Ferreira
Estudante do segundo segmento do segundo ano da educação de jovens e adultos da Escola Estadual de Desenvolvimento Integral Prof. Milton Marques Curvo, em Cáceres-MT.
E-mail: adjairferreira23@outlook.com
Orcid: 0009-0006-5460-5525

Alline Camily Ribeiro Manaca
Estudante do ensino médio da Escola Estadual Onze de Março, em Cáceres-MT.
Email: alinnecamilyribeiromanaca@gmail.com
Orcid: 0009-0002-1831-1600

Alisson Firmino
Estudante do segundo ano da Escola Estadual de Desenvolvimento Integral da Educação Básica Prof. Milton Marques Curvo, Cáceres-MT.
E-mail: alissonfirmino2000@outlook.com
Orcid: 0009-0001-7311-3589

Ana Catarina dos Reis Dias
Estudante do primeiro ano do ensino Médio, da Escola Estadual de Desenvolvimento Integral da Educação Básica Prof. Milton Marques Curvo, Cáceres-MT.
E-mail: areis3461@gmail.com
Orcid: 0009-0007-8530-3535

Anastácia da Cruz Moraes Álvares
Mestranda da PPGGEO-Unemat e professora de Geografia na EEDIEB Prof. Milton Marques Curvo-Cáceres-MT.
E-mail: anastacialvares@gmail.com
Orcid: 0000-0003-3637-3274

Antoniely Yasmin Souza Silva
estudante do segundo ano do ensino médio da Escola Estadual Doze de Outubro, Cáceres-MT.
E-mail: antonielyyasmin489@gmail.com
Orcid: 0009-0009-1638-1139

Cristiane Villas Boas Schardosin
Professora de Língua Portuguesa da Escola Estadual de Desenvolvimento Integral da Educação Básica Prof. Milton Marques Curvo, Cáceres-MT.
E- mail: Crisvbs70@gmail.com
Orcid: 0009-0003-4024-1941

Daniely Martins Gonçalves da Silva
Estudante do segundo ano da Escola Estadual do Onze de Março, Cáceres-MT.
E-mail: neisesantos19@gmail.com
Orcid: 0009-0007-1435-2284

David Gabriel Araujo Santana
Estudante do nono ano da Escola Estadual de Desenvolvimento Integral da Educação Básica Prof. Milton Marques Curvo, Cáceres-MT.
E- mail: davidgabrielsantana@outlook.com
Orcid: 0009-0001-7293-5636

Dulcina Franciele de Campos Silva
Professora na Pré-Escola Comecinho de Vida Mirassol Doeste. Formação Licenciatura Pedagogia.
E-mail: francielifabio90@gmail.com
Orcid: 0009-0000-6352-9225

Eliane Pachuri
Estudante do primeiro ano da Escola Estadual de Desenvolvimento Integral da Educação Básica Prof. Milton Marques Curvo, Cáceres-MT.
E-mail: elianepachuri6@gmail.com
Orcid: 0009-0003-0182-4466

Emily Fernanda Marques
Estudante do segundo ano da Escola Estadual do Onze de Março, Cáceres-MT.
E-mail:emilymarquesjaime@gmail.com
Orcid: 0009-0005-8991-1816

Fagner Matheus Mello Assis
Estudante do oitavo ano do ensino fundamental da Escola Estadual de Desenvolvimento Integral Prof. Milton Marques Curvo, em Cáceres-MT.
Email: fagnerassis@outelook.com
Orcid: 0009-0009-9877-8964

Fernando Costa Prado
Estudante do segundo ano do segundo segmento do ensino fundamental da Escola Estadual de Desenvolvimento Integral da Educação Básica Prof. Milton Marques Curvo, Cáceres-MT.
E-mail: pradofernandocosta@gmail.com
Orcid: 0009-0006-2715-4773

Gabriel de Campos Leite
Estudante do segundo ano da Escola Estadual do Onze de Março, Cáceres-MT.
E-mail: bielc4880@gmail.com
Orcid: 0009-0007-8601-6458

Gabrielly Eduarda de Moura Campos
Estudante do segundo ano da Escola Estadual do Onze de Março, Cáceres-MT.
E-mail: mouracampos2145@gmail.com
Orcid: 0009-0000-3233-3449

Glory Lojaine Palocio
Estudante do segundo ano da Escola Estadual do Onze de Março, Cáceres-MT.
E-mail: glorylojaine033@gmail.com
Orcid: 0009-0001-3456-8409

Hernanys Aguiar da Silva
Estudante do segundo segmento do segundo ano da educação de jovens e adultos da Escola Estadual de Desenvolvimento Integral Prof. Milton Marques Curvo, em Cáceres- MT.
E-mail: hernanysaguiarsilva@gmail.com
Orcid: 0009-0002-3025-7520

Izabela Rodrigues Oliveira
Estudante do ensino médio da Escola Estadual Onze de Março, em Cáceres-MT.
Email: izabelarodrigues2324@outlook.com
Orcid: 0009-0001-0202-7763

João Guilherme Álvares Gil
Acadêmico do Curso de Biologia-Unemat-Cáceres.
E-mail: guilherme.joao@unemat.br
Orcid: 0009-0001-3480-9057

João Pedro Nascimento Pedroso
Estudante do nono ano da Escola Estadual de Desenvolvimento Integral da Educação Básica Prof. Milton Marques Curvo, Cáceres-MT.
E-mail: joaopedropedroso@outlook.com
Orcid: 0009-0005-1980-2104

João Victor Soares Paesano
Estudante do primeiro ano do ensino médio, da EEDIEB Prof. Milton Marques Curvo, Cáceres-MT.
E-mail: joaovictorsoares1703@gmail.com
Orcid: 0009-0009-7160-1085

Jonair Lopes Nunes
Estudante do segundo segmento do segundo ano da educação de jovens e adultos da Escola Estadual de Desenvolvimento Integral Prof. Milton Marques Curvo, em Cáceres- MT.
E- mail: jonairlopes@outlook.com
Orcid: 0009-0004-1372-8006

Jussara Cebalho
Mestranda da PPGGEO-Unemat/Cáceres e professora de Geografia na EEDIEB Prof. Milton Marques Curvo-Cáceres-MT.
E-mail: jussaracebalho@hotmail.com
Orcid: 0000-0002-3720-1880

Kétila Cebalho Rabelo
Estudante do primeiro ano da Escola Estadual de Desenvolvimento Integral da Educação Básica Prof. Milton Marques Curvo, Cáceres-MT.
E-mail: ketilacebalho49@gmail.com
Orcid: 0009-0001-9064-2829

Larissa Carla Pinheiro da Silva
Estudante do segundo ano da Escola Estadual do Onze de Março, Cáceres-MT.
E-mail: azza38546@gmail.com
Orcid: 0009-0000-4370-6423

Larissa Cristina Ramos da Silva
Estudante do segundo ano da Escola Estadual do Onze de Março, Cáceres-MT.
E-mail: larissaramos2808@gmail.com
Orcid: 0009-0008-5060-7990

Lelyane Santos Silva
Professora de Língua Portuguesa da Escola Estadual de Desenvolvimento Integral Prof. Milton Marques Curvo, em Cáceres-MT.
Orcid: 0009-0008-1316-9506

Marcelo Ferreira Sores Rodrigues
Estudante do primeiro ano do ensino médio da Escola Estadual de Desenvolvimento Integral Prof. Milton Marques Curvo, em Cáceres-MT.
E- mail: marceloferreirasoaressantos@gmail.com
Orcid: 0009-0003-0642-236X

Marcelo Moreira de Andrade
Estudante do segundo ano da Escola Estadual de Desenvolvimento Integral da Educação Básica Prof. Milton Marques Curvo, Cáceres-MT.
E- mail: marceloandrade@outlook.com
Orcid: 0009-0006-8869-9013

Maria Clara Cebalho Nunes
Estudante do terceiro ano do ensino fundamental da Escola Municipal Dom Máximo Biennes.
e- mail: mariaclara201423@outlook.com
Orcid: 0009-0004-3389-7149

Marcos Andrey da Silva Souza
Estudante do segundo segmento do segundo ano da educação de jovens e adultos da Escola Estadual de Desenvolvimento Integral Prof. Milton Marques Curvo, em Cáceres- MT.
E- mail: souzamarcossantosdrey5@hotmail.com
Orcid: 0009-0006-6504-2203

Márcio Aurélio Alves da Silva

Estudante do primeiro ano do ensino médio, da EEDIEB Prof. Milton Marques Curvo, Cáceres-MT.

E-mail: marcioaurelioalvesdasilva9@gmail.com

Orcid: 0009-0001-2843-8667

Marcos Vinicius Baicere de Almeida

Estudante do segundo ano da Escola Estadual do Onze de Março, Cáceres-MT.

E-mail: marcosbaicere@outlook.com

Orcid: 0009-0004-4437-0705

Maria Aparecida Nunes Silva

Concluiu o Ensino Médio/EJA na Escola de Desenvolvimento Integral da Educação Básica Prof. Milton Marques Curvo, Cáceres-MT.

E-mail: cidaanunes@hotmail.com

Orcid: 0009-0008-2850-7942

Maria Catarina Cebalho

Mestranda em Educação no Programa de Pós-Graduação PPGEdu pela da Universidade do Estado de Mato Grosso UNEMAT. Especialista em Economia Solidária e Políticas Públicas pela Universidade do Estado de Mato Grosso - UNEMAT. Especialista Lato Sensu em Educação de Jovens e Adultos (EJA) - Faculdade de Cuiabá. Licenciada em Pedagogia pela Faculdade de Educação de Tangará da Serra- UniSerra. Licenciada em Matemática pela Universidade do Estado de Mato Grosso- UNEMAT. Professora de Matemática da Escola Estadual de Desenvolvimento Integral da Educação Básica Prof. Milton Marques Curvo, Cáceres - MT.

E- mail: catarina.cebalho@unemat.br

Orcid: 0009-0006-8300-9079

Maria Eduarda Baicere de Almeida
Estudante do segundo ano da Escola Estadual do Onze de Março, Cáceres-MT.
E-mail: baicereduda@gmail.com
Orcid: 0009-0004-5772-6651

Marianny Adne da Silva Rodrigues
Estudante do primeiro ano do ensino médio do Instituto Federal de Mato Grosso- Campus Olegário Baldo, Cáceres-MT.
E-mail: mariannyadne805@gmail.com
Orcid: 0009-0004-2569-6312

Matheus Belmiro Bernardes Colaço
Estudante do primeiro ano do ensino médio da Escola Estadual de Desenvolvimento Integral Prof. Milton Marques Curvo, em Cáceres- MT.
E- mail: matheusbelmiro2003@outlook.com
Orcid: 0009-0002-8888-827X

Nághila Cristina Amada da Silva
Mestra em Linguística pela Universidade do Estado de Mato Grosso (Unemat) e Especialização em Literatura Brasileira pela Faculdade São Braz. Doutoranda em Estudos Literários no Programa de Pós-Graduação da Unemat. Professora de Língua Portuguesa da Escola Estadual de Desenvolvimento Integral da Educação Básica Prof. Milton Marques Curvo, Cáceres-MT.
E-mail: naghila.silva@unemat.br
Orcid: 000-0003-0609-2754

Naiara Ribeiro Cebalho Masai
Estudante do segundo ano do ensino médio da Escola Estadual Onze de Março, Cáceres-MT.
E-mail: naiararibeirocebalho@gmail.com
Orcid: 0009-0008-9795-3436

Natália Oliveira Rodrigues
Estudante do primeiro ano do ensino médio da Escola Estadual de Desenvolvimento
E-mail: nataliaoliveirarodrigues8@gmail.com
Orcid: 0009-0002-6947-9227

Nícolas Campos Silva
Estudante do primeiro ano da Escola Estadual Pedro Américo, João Pessoa-PB
E-mail: nickgames2900@gmail.com
Orcid: 0009-0003-7619-3419

Reina Yovana Tomicha Masabi
Estudante do primeiro ano da Escola Estadual de Desenvolvimento Integral da Educação Básica Prof. Milton Marques Curvo, Cáceres-MT.
E-mail: reinayovanatomichamasabi@gmail.com
Orcid: 0009-0005-7432-917X

Retyely da Silva Soares
Estudante do segundo ano da Escola Estadual de Desenvolvimento Integral da Educação Básica Prof. Milton Marques Curvo, Cáceres-MT.
E-mail: retyely2324@outlook.com
Orcid: 0009-0000-0154-5465

Ricardo Costa Pereira Marta
Estudante do primeiro ano da Escola Estadual de Desenvolvimento Integral da Educação Básica Professor Milton Marques Curvo, Cáceres-MT.
E-mail: rc380575@gmail.com
Orcid: 0009-0009-4381-1018

Rosa Amparo Para Lopes
Estudante do primeiro ano do ensino médio da EEDIEB Prof. Milton Marques Curvo, Cáceres-MT.
E-mail: fabriciodasilvasamuel6@gmail.com
Orcid: 0009-0004-6941-8971

Samuel Fabrício da Silva
Estudante do primeiro ano do ensino médio, da EEDIEB Prof. Milton Marques Curvo, Cáceres-MT.
E-mail: samuelfabricio2324@outlook.com
Orcid: 0009-0002-6687-3472

Sara Ramos Scaff
Estudante do segundo ano da Escola Estadual do Onze de Março, Cáceres-MT.
E-mail: sararamosscaff804@icloud.com
Orcid: 0009-0000-1669-6995

Silvio Rogério Alves
Estudante do segundo segmento do segundo ano da educação de jovens e adultos da Escola Estadual de Desenvolvimento Integral Prof. Milton Marques Curvo, em Cáceres- MT.
E- mail: Silviorogerio76@outlook.com
Orcid: 0009-0007-1741-7610

Sonia Maria de Campos
Professora na Escola Estadual Onze de Março, Cáceres-MT. Formação Licenciatura História da Unemat. Mestranda em Educação.
E-mail: sonia.cacmaria@gmail.com
Orcid: 0009-0005-6001-8127

Stefany Aparecida Porto do Nascimento
Estudante do primeiro ano do Ensino Médio do Instituto Federal de Mato Grosso, Campus Olegário Baldo, Cáceres-MT.
E-mail: stefanyaparecidaporto@gmail.com
Orcid: 0009-0006-0188-0101

Taise Nunes Silva
Especializada em Historiografia e Metodologia de Ensino e da Pesquisa de História.
E-mail: anatainusi@hotmail.com
Orcid: 0009-0002-5654-8852

Taiza Talia Ucieda Arroyo
Estudante do segundo ano da Escola Estadual do Onze de Março, Cáceres-MT.
E-mail: talia1427t@gmail.com
Orcid: 0009-0001-0311-3401

Tamires Bispo do Nascimento
Estudante do primeiro ano do ensino médio da EEDIEB Prof. Milton Marques Curvo, Cáceres-MT.
E-mail: tamiresbispo155@gmail.com
Orcid: 0009-0005-6247-5540

Tamires da Silva Santos
Estudante do terceiro ano da Escola Estadual Cívico Militar Senador Mário Motta, Cáceres-MT.
Email: tamires.silvasantos22@outlook.com
Orcid: 0009-0009-5200-7099

Vagner Augusto Nunes Cipriano
Estudante do oitavo ano do ensino fundamental da Escola Estadual de Desenvolvimento Integral Prof. Milton Marques Curvo, em Cáceres-MT.
E- mail: vagnercipriano12@outlook.com
Orcid: 0009-0004-4959-8127

Vander Pereira Xavier
Estudante do terceiro ano da Escola Estadual Demétrio Costa Pereira, Cáceres-MT.
E-mail: vanderpereiraxavier@gmail.com
Orcid: 0009-0005-4441-9094

Vanderson Soares da Silva Deluque

Estudante do segundo segmento do segundo ano da Educação de Jovens e Adultos da Escola Estadual de Desenvolvimento Integral Prof. Milton Marques Curvo, em Cáceres- MT.
E- mail: vandersondeluque23@hotmail.com
Orcid: 0009-0003-5768-2487

Vanesa Isabely Gonçalves Rojas

Estudante do ensino médio da Escola Estadual Onze de Março, em Cáceres-MT.
Email: isabelygon12@icloud.com
Orcid: 0009-0000-3402-6194

Yara Oliveira Almeida

Estudante do segundo ano da Escola Estadual do Onze de Março, Cáceres-MT.
E-mail: yaraalmeida2911@gmail.com
Orcid: 0009-0003-5290-1062

Yasmim de Brito Teixeira

Estudante do oitavo ano do ensino fundamental da Escola Estadual União e Força.
E- mail: yasminteixeira2008@outlook.com
Orcid: 0009-0006-4811-8851

Yasmina Vaca Peredo

Estudante do segundo ano do ensino médio da Escola Estadual Onze de Março, Cáceres-MT.
E-mail: yasminaperedo@outlook.com
Orcid: 0009-0003-1897-1112

Zulmiro Ribeiro Lopes Junior

Estudante do segundo ano da Escola Estadual de Desenvolvimento Integral da Educação Básica Prof. Milton Marques Curvo, Cáceres-MT.
E- mail: zulmirojunior2003@outlook.com
Orcid: 0009-0009-1539-1490